Relaciones públicas:
CONCEPTO, PLANIFICACIÓN Y TÉCNICAS EN EL UNIVERSO DIGITAL

EDICIONES

© de los textos: Beatriz López Miguel
© de la presente edición: Ediciones Universidad San Jorge
Colección Communicare, n.º 1
1.ª edición, 2024

Diseño de portada y maquetación: Enrique Salvo Lizalde
Imprime: Tipolínea S. A.

Impreso en España – *Printed in Spain*

ISBN: 978-84-128281-3-9
Depósito legal: Z 1156-2024

Ediciones Universidad San Jorge
Edificio Grupo San Valero
Plaza de Santa Cruz, s/n
50003, Zaragoza – Tel.: 976 057 080
ediciones@usj.es   cultura.usj.es   www.usj.es

 Esta editorial es miembro de la UNE, lo que garantiza la difusión y comercialización de sus publicaciones a nivel nacional e internacional.

Relaciones públicas:

CONCEPTO, PLANIFICACIÓN Y TÉCNICAS EN EL UNIVERSO DIGITAL

Beatriz López Miguel

COMMUNICARE

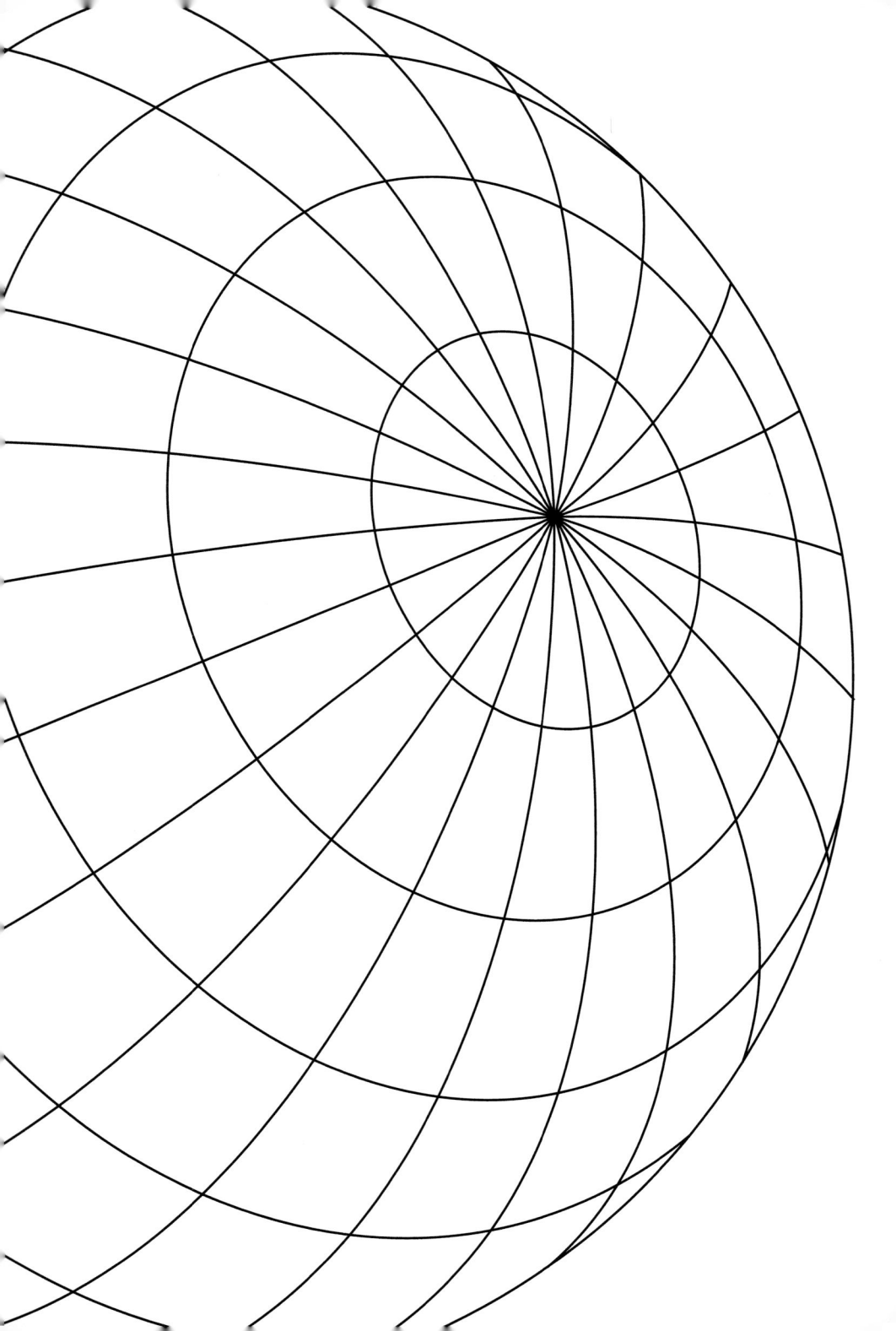

Índice

Las relaciones públicas

1.1. Concepto

> «Las Relaciones Públicas describen el proceso mediante el cual las organizaciones tratan de establecer y mantener relaciones duraderas y de interés mutuo con los públicos clave de su entorno, con la finalidad de generar un clima cordial en el que la organización pueda desarrollar fácil y eficazmente sus metas»
>
> (Otero Alvaraco y Pulido Polo, 2018: 15-16)

Cabe comenzar acercándose al concepto de relaciones públicas desde la perspectiva terminológica, pues el nombre que ha recibido esta disciplina la describe a la percepción. Las relaciones públicas tratan, en esencia, de manejar las relaciones, conexiones y contactos de una organización (empresarial o de otro tipo) con otros actores sociales y, especialmente, con aquellos que tienen poder para influir sobre la opinión pública.

Un buen manejo de las relaciones públicas permite a las organizaciones alcanzar objetivos que por sí solas no podrían conseguir, como, por ejemplo, oportunidades de negocio, acceder a una nueva red de distribución o lograr que mejore la opinión que la audiencia tiene de la organización.

Así pues, la primera parte del término, «relaciones», hace referencia a los contactos. La segunda parte, «públicas», se refiere a la gestión estratégica que se hace de los mismos, valorando si a la organización le interesa que la relación sea de conocimiento público o no, y en qué términos.

De tal forma, como primera aproximación, puede decirse que las relaciones públicas son la disciplina que gestiona las interacciones de la empresa con su entorno, velando por su imagen y acercándola a sus objetivos. En ese sentido, Portugal explica que: «del mismo modo que sucede con el ser humano en sociedad, las organizaciones deben saber cómo gestionar las relaciones con los públicos de su entorno para poder llevar a cabo de forma más eficaz y eficientemente sus metas» (Portugal, 2019: 113).

Puede concluirse que las relaciones públicas tratan de detectar personas (físicas o jurídicas) con cierto poder o influencia social y establecer una relación de apoyo mutuo, así como de valorar si interesa que dicha relación sea de conocimiento público.

En resumen

Las relaciones públicas son los esfuerzos que hacemos por:

- Crear, ampliar o mejorar la red de contactos y conexiones de la empresa u organización.
- Transmitir a esa red de contactos nuestra identidad corporativa.
- Aprovechar/explotar esa red de contactos para aportar beneficio a la empresa u organización.

Dado que las relaciones públicas manejan las interacciones de las organizaciones con otros agentes de su entorno y de la sociedad, como disciplina cubren una gran cantidad de tareas y trabajos diferentes. Tantos como tipos de actores sociales existen.

Dentro de todas las posibilidades que ofrecen, en este manual nos centraremos en la parte comunicativa de las relaciones públicas. Es decir, en conseguir mejorar la imagen de marca y la reputación corporativa –o hacer un producto o servicio deseable– gracias al apoyo de aquellos que pueden hablar sobre la organización y abogar por ella ante las audiencias.

En ese sentido, George F. Meredith (expresidente de la Association of Public Relations) afirmó en una entrevista en 1994 que las relaciones públicas son «todo lo que entra en juego para lograr una opinión pública favorable» (Caldevilla-Domínguez, Barrientos-Báez y Fombona-Cadavieco, 2020: 4).

Si uno se pregunta por qué motivo resulta esto importante para el desarrollo de una empresa u organización, es porque la mejora de la opinión pública puede llegar a traducirse en interesantes beneficios concretos como:

- Un incremento en la visibilidad, que permita a la organización mantenerse relevante.
- Una mejora de la credibilidad, potenciada por el aval público recibido de parte de actores externos a la propia empresa.
- Un refuerzo del posicionamiento y la diferenciación con las marcas del sector.
- Una posibilidad de educar a los públicos y la audiencia acerca de la organización.
- Oportunidades de estimular cambios en el comportamiento de la audiencia.
- Un aumento de la capacidad de influencia social, política y económica de la organización, que se encuentra conectada con los principales líderes sociales y de opinión.
- Una mayor facilidad para conseguir cumplir con los objetivos organizacionales o empresariales.

Consultando esta información de contexto, comienza a intuirse que un buen relaciones públicas pide muchos favores. Debe tratar de que otros publiciten la organización, que hablen bien de ella o que le presenten a otros contactos que puedan resultar estratégicos para la organización. Sin embargo, ahora que se está abordando el concepto de las relaciones públicas, es recomendable parar para matizar que una buena estrategia de relaciones públicas se basa tanto en intentar que nuestros contactos de interés nos apoyen como en devolverles ese apoyo.

Esta es una cuestión de justicia, pero también estratégica. Si las relaciones públicas son las encargadas de cuidar la red de contactos de la organización y hacerla crecer, el relaciones públicas es alguien que se esfuerza por cuidar de las amistades de la empresa. De la misma manera que sucede en la vida personal, en la que nadie quiere mantener relación con amigos interesados, que no están cuando se los necesita, en las relaciones de negocio a veces hay que realizar esfuerzos por apoyar a los demás. En ocasiones, esto puede suponer que acabemos participando en actividades que no aportan un valor directo para nuestra organización o que, de entrada, no nos interesan, solo por apoyar a uno de nuestros contactos clave.

Con esto quiere decirse que las relaciones públicas de una organización se construyen día a día con constancia, honestidad y ética. No puede sobrevivirse únicamente acudiendo a los demás en momentos de necesidad.

> **Las relaciones públicas son una calle de doble sentido**
> Aunque no se incluya de manera explícita en la planificación, cada campaña o acción de relaciones públicas busca, como objetivo intrínseco, que los diferentes actores implicados queden contentos y se lleven buena imagen de la marca.

En una organización empresarial de un mediano o gran tamaño, el departamento de relaciones públicas es uno más de los diversos pilares en los que se asienta el departamento de comunicación. La función del departamento de relaciones públicas, en concreto, es amplificar las estrategias de comunicación diseñadas por el resto de subdivisiones del departamento de comunicación. Esto quiere decir que dentro del departamento de comunicación habrá departamentos, como el de marca o el de *marketing* de producto, que se dediquen a crear las narrativas de cada concepto de comunicación y que nuestra función será comunicarlos al exterior de la empresa.

En este tipo de organizaciones, la comunicación externa se desarrolla en multitud de plataformas y a través de diferentes técnicas y formas de trabajo a la vez, por ejemplo:

- A través de las redes sociales y de otros tipos de publicidad *online.*
- A través de apariciones en medios de comunicación (tradicionales, como las revistas o la televisión, y nuevos, como los canales de los *influencers*).

- A través de colaboraciones publicitarias con otras marcas y empresas.
- Estimulando el *User Generated Content* (UGC) o contenido generado por los internautas.

Dentro de todo lo que sucede con la comunicación externa a la organización, las relaciones públicas se encargan de controlar las apariciones en medios ganados (también conocidos por su denominación en inglés: *earned media*). Los medios ganados son aquellos espacios comunicativos que no pertenecen a la organización, pero en los que esta logra –se gana– aparecer sin tener que adquirir un espacio, como se haría en la publicidad.

Esta es la principal diferencia entre el ejercicio de las relaciones públicas y el de otras disciplinas de comunicación. La publicidad, por ejemplo, consiste en colocar en espacios que se adquieren con inversión publicitaria anuncios creados por la propia marca o por las agencias de publicidad. Los anuncios se emiten siempre igual –o con pequeñas modificaciones– y la marca logra que el consumidor los vea comprando un espacio en el que exponerlos. Esto se conoce como comunicación en medios pagados (o *paid media*).

El *marketing,* por otra parte, incluye la comunicación que la marca realiza en sus propios medios *(owned media).* Por ejemplo, aquello que la organización coloca en su propia página web o en sus perfiles de redes sociales. Estos espacios pertenecen a la organización y, por lo tanto, esta no tiene que pagar para publicarlos, por lo que solo deberá invertir presupuesto y recursos en la producción del contenido.

En las relaciones públicas el campo de trabajo son los medios ganados, lo que supone que nuestro departamento no produce las piezas, ni invierte presupuesto en la compra de espacios. Este departamento trata de potenciar que sean otros quienes hagan este trabajo, publicitándonos en espacios que no nos pertenecen y que tampoco hemos adquirido. Nos los hemos ganado a través de estrategias orientadas a generar notoriedad.

> **Otros departamentos dedicados a la comunicación controlan:**
> - Los medios propios u *owned media:* los medios que pertenecen a la organización y en los que aparece de manera gratuita.
> - Los medios pagados o *paid media:* medios de terceros en los que la organización aparece como consecuencia de haber invertido presupuesto en la publicación de un contenido previamente diseñado.
>
> **El departamento de relaciones públicas controla:**
> - Los medios ganados o *earned media:* medios de terceros en los que la organización consigue aparecer como consecuencia de haber establecido relación provechosa o realizado alguna acción noticiable.

Una cuestión importante que debe apostillarse es que esto no significa que las relaciones públicas sean «publicidad gratuita» o que no manejen presupuestos destinados a la amplificación de los mensajes. Únicamente quiere decir que ese presupuesto no se dedica a pagar por las apariciones, sino a conseguir establecer relaciones de calidad con actores de influencia social para que esos actores publiciten a la organización.

Las relaciones públicas manejan –o deberían manejar en cualquier organización que valore su reputación– un presupuesto propio que se dedica, de forma principal, a crear excusas para comunicarnos con nuestros contactos clave. Dicho de otra forma, el presupuesto de relaciones públicas se invierte en la creación de experiencias de marca que permitan a la marca interactuar de forma directa con los actores de influencia social. Por ejemplo: eventos, cenas, viajes, envíos de regalos, etc.

Cabe indicar que en el pasado reciente esta delimitación de funciones se abordaba de otra forma. Tradicionalmente, el departamento de *marketing* digital se encargaba de controlar las apariciones de la organización en medios digitales, como las redes sociales o los blogs. Mientras tanto, las relaciones públicas se encargaban de las apariciones en los medios tradicionales como periódicos y revistas en papel, televisión, cine y radio.

La importancia de los medios de comunicación tradicionales para las estrategias de relaciones públicas era tal que los departamentos de relaciones públicas podían llegar a conocerse por la denominación de gabinete de prensa o *newsroom* ('sala de noticias'). Estos nombres sugerían que la función del departamento era la de comunicarse con periodistas de los diversos medios de comunicación de masas.

Sin embargo, la transformación digital ha revolucionado los medios impresos, la televisión, el cine y la radio, transformando los soportes en los que se oferta su producto. Además, han surgido nuevos medios de comunicación puramente digitales, como los *influencers* o los *pódcast*. El exceso de oferta ha desembocado, también, en que muchos medios de comunicación se encuentran en una permanente crisis, por lo que cada vez resulta más difícil que nos ayuden simplemente por amistad. Además de la amistad, hace falta devolver el apoyo, a menudo económicamente.

Esto supone que las líneas entre el *marketing* digital y las relaciones públicas cada vez son más borrosas, ya que todo ha acabado moviéndose hacia el entorno digital. Como consecuencia, la pureza de las relaciones públicas como disciplina que se gana las apariciones sin pagar por ellas se ha desvirtuado, puesto que cada vez más se depende de la formalización de acuerdos o contratos con retribución económica para asegurar las publicaciones.

En cualquier caso, desde la perspectiva de las relaciones públicas siempre debemos entender dichos acuerdos como una mera formalización de la relación entre la organización y un actor con el que previamente ha establecido un contacto estratégico. Por mucho que uno esté dispuesto a pagarle una imponente suma a Beyoncé para que promocione su marca, primero tiene que ser capaz de establecer contacto con Beyoncé.

Para aclarar la diferencia entre las relaciones públicas y otras formas de comunicar en este complejo entorno, puede centrarse la vista en el funcionamiento teórico de la comunicación. En las relaciones públicas, la comunicación que se establece con las audiencias es siempre indirecta. El objetivo de la estrategia consiste en convencer al actor que ejerce la función de canal (el medio de comunicación, el *influencer,* etc.) de que coloque en dicho canal información que beneficie a la organización.

Esto aumenta la importancia del canal, que no funciona meramente como un continente para alojar y posibilitar la comunicación, sino que elige lo que mostrar. Además, este actor también crea el contenido por sí mismo, en la mayor parte de los casos. Por lo tanto, el resultado de una campaña de relaciones públicas, desde la perspectiva teórica, siempre será la aparición de una publicación sobre la organización, creada por otros y publicada en un lugar accesible para la audiencia final. Por ese motivo, el concepto de *earned media* o medios ganados resulta fundamental a la hora de definir las relaciones públicas y de diferenciarlas de otras disciplinas.

Otras formas de comunicación, como las que se desarrollan en medios pagados o en medios propios, se dirigen directamente al consumidor. El canal apenas importa, pues sirve únicamente como vehículo para la exposición y transmisión del contenido. La organización tiene aquí un control total sobre lo que quiere contar, dado que diseña el mensaje y la pieza comunicativa por sí misma. En las relaciones públicas, ese control es menor y, por lo tanto, podría discutirse que el ejercicio de esta disciplina de comunicación resulta especialmente complejo de masterizar.

El trabajo del relaciones públicas implica conseguir que otros publiquen sobre la organización, así como tratar de controlar o influenciar lo que van a publicar, para que refleje los mensajes clave que interesan a la organización. Es, por lo tanto, un juego delicado.

Otra diferencia entre la publicidad y las relaciones públicas reside en que, aunque ambas pueden dedicarse a amplificar cuestiones relacionadas con la marca y el producto, las relaciones públicas también cubren cuestiones relacionadas con la comunicación corporativa (también conocida como *corporate*). Este tipo de cuestiones rara vez se abordan de manera directa desde la publicidad.

En general, podría argumentarse que las relaciones públicas mantienen una relación con el negocio que es aún más cercana que la que mantiene la publicidad, puesto que algunas relaciones resultan estratégicas para el futuro de la corporación. Ténganse en mente aquellos casos en los que la organización busque contactos que le permitan acceder a financiación, a una nueva red de distribución en un país extranjero, o a presionar para que se le reduzcan las obligaciones fiscales.

Más allá de eso, desde la perspectiva meramente comunicativa, que es la que aquí interesa, son las relaciones públicas las que manejan la gestión de la información empresarial. Así pues, una rama de las relaciones públicas es la comunicación corporativa. Esta consiste en la gestión estratégica de todos los elementos que intervienen en la creación de la imagen corporativa de una organización (Fanjul, 2019: 45).

La comunicación corporativa trata de definir públicamente quién somos como empresa. Esto supone que maneja las relaciones de una empresa con la sociedad abordando aquellas cuestiones relativas a la comunicación de asuntos financieros o laborales. Además de estos subtipos de relaciones públicas que se trabajan desde el *corporate*, históricamente, las relaciones públicas han sido responsables de la responsabilidad social corporativa.

La responsabilidad social corporativa es aquella disciplina orientada a que las empresas se conduzcan de una manera ética, desarrollando su actividad de una forma lo menos dañina posible. Su principal cometido es la gestión del impacto que la empresa tiene en el mundo, entendido como el entorno y las personas que interactúan con la corporación. Tiene cierta lógica, por lo tanto, que sean las relaciones públicas las que se encarguen de esta cuestión, que implica valorar el impacto que tenemos sobre nuestros contactos.

Adicionalmente, el hecho de que una empresa desarrolle su actividad de una forma más ética o menos ética parece afectar a lo deseables que resultan sus productos o servicios y a la predisposición que las audiencias tienen para adquirirlos. La ética empresarial afecta así a la imagen de la empresa y, por lo tanto, se convierte en una materia en la que el departamento de relaciones públicas a menudo debe mediar.

Sin embargo, esto entraña el peligro de que las acciones más éticas o con orientación social de las corporaciones se realicen con el objetivo de mejorar la opinión pública que se tiene de la corporación, y no como vía de mejora social. Esto supone un importante peligro que ha dejado varios ejemplos de empresas que instrumentalizan las causas sociales, usándolas como herramienta para mejorar su imagen.

Para paliar de alguna forma este tipo de picardías, la responsabilidad social corporativa se ha ido alejando paulatinamente de las relaciones públicas. Habitualmente se trabaja desde comités especializados. A pesar de esto, será labor de las relaciones públicas controlar la comunicación estratégica que se realice este tipo de cuestiones corporativas.

Así pues, debe quedar muy claro que la responsabilidad social corporativa no es, y nunca debe ser, una estrategia de relaciones públicas. Pero que, en ocasiones, las relaciones públicas deberán intervenir para controlar la manera en la que las estrategias de responsabilidad social corporativa se dan a conocer.

- La responsabilidad social corporativa es una disciplina propia, cuyo objetivo es ayudar a conducir las empresas de una forma ética.
- A pesar de que su impacto sobre la imagen de marca es considerable, la responsabilidad social corporativa nunca debe considerarse un subtipo (o una herramienta) de las relaciones públicas corporativas.
- Las relaciones públicas manejan la comunicación externa de diversos aspectos corporativos, entre ellos, los relacionados con la responsabilidad social corporativa.

En conclusión, puede afirmarse que las relaciones públicas van más allá de las estrategias de *marketing* o publicidad al intervenir o colaborar con todas las capas del negocio de la empresa, pues, cada vez más, internet pone a disposición del consumidor información que hace que toda la actividad de la empresa (comunicar, producir, contratar, etc.) tenga un efecto directo sobre la opinión pública que se tiene de ella.

Así pues, puede entenderse que las relaciones públicas se caracterizan por comunicar en medios ganados cuestiones corporativas o de negocio, así como mensajes de tipo publicitario relativos a las marcas o productos de la organización.

Una vez aclarado esto, cabe adelantar que este manual no abordará en detalle las estrategias de comunicación corporativa. En su lugar, se centrará en la parte más «publicitaria» del trabajo del relaciones públicas. Es decir, en la creación de estrategias que permitan popularizar marcas, productos o servicios de una empresa.

El proceso de trabajo del departamento de comunicación y el rol que juegan las relaciones públicas:

1. A principio y final de año, los altos cargos informan a la plantilla acerca de la situación de la empresa, crecimiento, retos, oportunidades para el año y objetivos empresariales.

2. El departamento de *marketing* de producto es el enlace entre el negocio y la comunicación. Estructura los principales lanzamientos y gestiona la cartera de productos de forma estratégica para conseguir los objetivos empresariales. Además, traduce esos goles a objetivos de ventas concretos.

3. El departamento de producto, junto con el de marca, elige los mejores productos, colecciones o acciones cuya promoción puede ayudar a la organización a acercarse a la consecución del objetivo empresarial. El producto se convierte aquí en un concepto, con una historia propia y un universo visual.

4. El departamento de marca crea así el *storytelling* y el concepto básico que define a cada producto o campaña de *branding*. Su función es mantener la dirección de la marca y sus mensajes.

5. El departamento de marca, en colaboración con otros departamentos de *marketing,* organiza acciones propias de la marca en las que esta se comunica con el consumidor.

6. El departamento de comunicación amplifica esas acciones e historias con ayuda de las redes sociales, los medios de comunicación, los *influencers* y otros prescriptores.

7. Dentro de este, el departamento de relaciones públicas se dedica a amplificar los mensajes en medios ganados aprovechando su buena relación con los medios de comunicación, con las instituciones, con otras empresas o con celebridades e *influencers* y consiguiendo su apoyo público.

1.2. ¿A quién se dirigen?

Queda claro a estas alturas que la función principal de las relaciones públicas es gestionar los contactos de la organización y aprovecharlos de diversas formas a favor de la empresa, por ejemplo, para que hablen de ella en sus medios. Nuestro trabajo consiste en buscar su apoyo y, por lo tanto, nuestras acciones se dirigen a ellos.

Desde la disciplina de las relaciones públicas nos referiremos a la red de contactos de cada organización como sus públicos. Los públicos de la organización son las personas y entidades que entran en contacto con ella *(stakeholders)* y a las que tratamos de convencer para que contribuyan a los objetivos empresariales. Un *stakeholder* se convierte en un público de relaciones públicas en el momento en el que decidimos que vamos a tratar de convencerlo para que nos apoye en algo. Por lo tanto, desde el punto de vista comunicativo, debemos entender a los públicos organizacionales como los intermediarios que nos permiten entregar nuestros mensajes a la opinión pública.

Nuestro objetivo es influir sobre la opinión pública, que está compuesta de numerosos agentes, entre los que se cuenta la audiencia final (formada por consumidores potenciales). Pero es importante comprender que, en las relaciones públicas, la comunicación con esa audiencia final es indirecta. En este sentido, es especialmente relevante entender la diferencia que existe en las relaciones públicas entre los conceptos de público y consumidor.

- Público: es nuestro interlocutor directo. Al que dirigimos nuestros esfuerzos y para el que diseñamos nuestras acciones. Son figuras de influencia social o contactos clave para la organización. Pueden ser, por ejemplo, medios de comunicación, *influencers* u otras empresas, entre otros. Nuestro objetivo es conseguir convencerlos de que nos recomienden.

- Consumidor: como el propio término indica, es quien consume. Son los individuos que forman la audiencia y que potencialmente pueden llegar a adquirir nuestros productos o hacer uso de nuestros servicios. Su decisión de adquirir, o no, nuestro producto se ve influenciada por los intermediarios y sus discursos. Nuestro objetivo final es que el consumidor –la audiencia– reciba la recomendación de manera indirecta, porque otros han abogado por nosotros. Este tipo de información resulta mucho más creíble que la que nosotros podamos aportar sobre nosotros mismos al realizar campañas de publicidad.

Así pues, desde un punto de vista teórico, los públicos de las relaciones públicas son siempre los intermediarios. Diseñaremos nuestras campañas para dichos públicos intermediarios, con técnicas que tratan de convencerlos a ellos para que actúen a nuestro favor, recomendándonos.

Sin embargo, de nuevo, la revolución de las TIC ha complicado la ecuación. Con la irrupción de las redes sociales, los consumidores individuales pueden recomendar un producto o marca en sus propios canales, en los que cuenten con sus propias audiencias, a veces de un tamaño considerable. Este tipo de contenido se conoce como *User Generated Content* (UGC) y resulta especialmente valioso para las organizaciones por su alta credibilidad. Para orientar a aquellos lectores menos tecnológicos, podría decirse que el UGC es el equivalente *online* del boca oreja de toda la vida.

Desde las relaciones públicas puede tratar de estimularse el UGC con pequeñas acciones dirigidas al consumidor. A nivel teórico, esto supone considerar al consumidor individual como un intermediario que puede llegar a influir sobre la audiencia. Por ejemplo, sobre otros consumidores. Desde la parte práctica, habitualmente, supone colaborar con otros departamentos para que respondan a los contenidos desde el perfil oficial de redes sociales de la organización o para que ofrezcan algún tipo de aliciente al consumidor que lo incite a publicar: por ejemplo, incluir su publicación en la página web oficial de la organización.

Dado que este tipo de trabajo resulta complejo tanto en lo teórico como en lo práctico, para asegurar que se comprende bien el concepto y funcionamiento de las relaciones públicas, en este manual no se abordarán más de lo que ya se han abordado las acciones dirigidas al consumidor. El contenido se centrará, a partir de ahora, en las relaciones públicas «puras», abordando aquellas estrategias y técnicas que se dirigen a medios de comunicación, *influencers* y otras empresas.

Esta concepción del público y el consumidor como agentes diferentes, a los que tratamos de distinta manera, marca la diferencia fundamental entre la publicidad y las relaciones públicas, como se ha explicado con anterioridad. Pero, además, hace que el objetivo de las relaciones públicas sea también diferente del de la publicidad:

- La publicidad busca que el consumidor nos elija.
- Las relaciones públicas buscan que el intermediario nos recomiende.

En conclusión, las relaciones públicas y la publicidad parten de conceptos similares y tienen objetivos parecidos, pero la manera de trabajar para alcanzar dichos objetivos es diferente. En las relaciones públicas la persona a la que interesa convencer es el intermediario, y eso supone diseñar las acciones para él. Para muchos comunicadores formados en publicidad esto supone un cambio de paradigma radical y, en muchas ocasiones, una dificultad para llegar a ideas que funcionen correctamente en una campaña de relaciones públicas. Al final, tratar de gustar y satisfacer al consumidor resulta intuitivo para cualquier comunicador involucrado en la comunicación de marca.

1.3. Tipos de relaciones públicas

Alcanzado este punto, debería intuirse ya que el público es una figura fundamental de las relaciones públicas, tanto como el consumidor lo es para la publicidad. Por ese motivo, merece la pena abordar la existencia de dos tipos de públicos principales que requieren distinto tratamiento de parte de la organización.

Por un lado, se cuenta con los públicos internos a la organización. Son aquellos que la conocen en profundidad, dado que forman parte de ella y la hacen funcionar. El principal público interno estará conformado, por lo tanto, por los trabajadores.

La función principal del público interno no es la comunicativa, sino la productiva. Sin embargo, para mejor o para peor, este tipo de público comunica. Los trabajadores comunican a su entorno su satisfacción o su descontento con la organización, comentan casualmente con sus amigos sobre el lema o los valores de la organización o incluso recomiendan los productos. Por la perspectiva negativa, pueden acabar aireando información que la organización desearía mantener privada o pueden hablar mal sobre el proceso de producción desalentando a las personas de su entorno a que consuman los productos o servicios de la empresa.

Los públicos externos, por la otra parte, son aquellos públicos que no forman parte de la empresa, pero que tienen algún tipo de experiencia o contacto con ella que les permite hablar sobre la misma. Por ejemplo, los ya citados medios de comunicación o *influencers,* pero también nuestras empresas proveedoras.

Para trabajar con estos dos tipos de público existen dos tipos principales de relaciones públicas: las relaciones públicas internas y las relaciones públicas externas. Lógicamente, las relaciones públicas con los públicos internos se trabajan a través de las relaciones públicas internas, y las relaciones públicas con los públicos externos se trabajan a través de las relaciones públicas externas.

A. LAS RELACIONES PÚBLICAS INTERNAS

Tienen como objetivo fortalecer los vínculos entre la empresa y sus empleados, para asegurar que conocen los valores empresariales y se sienten conectados con la compañía, lo que representa y quienes la integran. Las relaciones públicas internas tratan de lograr que los empleados estén lo suficientemente contentos con la empresa como para recomendarla y tengan las herramientas necesarias para recomendarla correctamente. Por lo tanto, atienden a dos factores clave: satisfacción y formación.

Sobre la satisfacción, existen diferentes vías que la organización puede utilizar para medirla. Por ejemplo, la realización de encuestas de cliente interno o la implementación de técnicas como el E-NPS.

E-NPS

Técnica orientada a medir la satisfacción de los empleados derivada del NPS, que se aplica al consumidor. El NPS o *Net Promoter Score* pregunta a los consumidores cómo de probable es que promocionen la organización recomendándola a un tercero. El consumidor responde utilizando una escala visual o numérica –del 1 al 5 o del 1 al 10–. Solo aquellos que otorgan la puntuación más alta cuentan como prescriptores. El E-NPS o *Employee Net Promoter Score* hace lo mismo con los empleados.

Además, si el sistema detecta que la satisfacción de un empleado ha bajado con respecto al periodo anterior, puede pedírsele a dicho empleado que indique sobre un cuadro de texto los motivos.

Las relaciones públicas internas las manejan habitualmente los equipos de recursos humanos, en colaboración con los diferentes líderes de equipo o con los departamentos de comunicación interna.

En este manual, centrado en la vertiente más publicitaria de las relaciones públicas digitales, no se abordará, por lo tanto, este tipo de trabajo.

B. LAS RELACIONES PÚBLICAS EXTERNAS

Son aquellas que tienen como interlocutor a los públicos externos de las organizaciones. Es decir, es aquella disciplina que se encarga de manejar todas las informaciones que puedan trascender a la propia empresa en cuanto que esta forma parte de la sociedad y se ve afectada por los diferentes actores sociales: medios de comunicación, instituciones, otras empresas, etc.

Las relaciones con las instituciones y con otras empresas las suelen gestionar los altos cargos de la organización, ya que supone relacionarse con personas o instituciones de un perfil alto para establecer asociaciones que afectan directamente al negocio, por ejemplo, la participación en actos gubernamentales, estrategias de *lobbying,* asociaciones entre empresas o financiación de proyectos conjuntos. Aunque este tipo de tareas no sean responsabilidad directa del relaciones públicas de la organización, en ocasiones pueden requerir su consejo o su participación como experto en protocolo.

Por otra parte, la vertiente de las relaciones públicas que se orienta a transmitir información a la audiencia de manera indirecta a través de *influencers* o medios de comunicación supone la parte más cercana al ejercicio de la publicidad. Este tipo de ejercicio se equipara con conseguir publicitar el producto, la marca o la empresa para generar ingresos de manera indirecta. Estas sí las suele gestionar directamente el equipo de relaciones públicas.

Es esta pequeña parcela, por lo tanto, la que trataremos de masterizar aquí y, en concreto, desde la perspectiva de la comunicación digital.

> Podemos resumir que nuestra área de actuación será la comunicación externa, en medios ganados, de aspectos relacionados con la comunicación corporativa, de marca o de producto.

Planes de
relaciones
públicas

2.1. ¿Qué es un plan de relaciones públicas?

Un plan de relaciones públicas es, en esencia, una estrategia creada para responder a un objetivo aprovechando la influencia de los contactos de la empresa. La creación de un plan de relaciones públicas supone plantearse la situación de partida en la que se encuentra la empresa con respecto a dicho objetivo, los contactos (o momentos o casuísticas) que puede aprovechar para mejorar la situación con respecto a dicho objetivo y la organización estratégica de todos ellos en un plan de acción.

Al afrontar la planificación estratégica de las relaciones públicas de una empresa u organización, se dan tres procesos importantes:

- La definición de la dirección estratégica a largo plazo a partir de los objetivos empresariales.
- La planificación global de la estrategia de la empresa a medio plazo.
- La planificación detallada de las diferentes campañas que se desarrollarán a corto plazo.

Se trata de que uno sepa cuál es su meta principal y cómo dividirla en pequeños objetivos más asequibles en los que poder trabajar a través del desarrollo de pequeñas acciones de manera constante.

Dependiendo de la empresa, las estrategias se plasman en uno o en varios documentos que guían la actuación del departamento de relaciones públicas para que su presupuesto y su trabajo sean realmente efectivos. Podemos utilizar el término «plan de relaciones públicas» para referirnos a las diferentes estrategias de la empresa, desde las más amplias a las más concretas; así como a los documentos en los que se plasman. Por lo tanto, un plan de relaciones públicas es, idealmente, una estrategia plasmada en un documento que sirve de guía para su implementación.

2.2. Planes a largo plazo

Los altos cargos de la organización son los encargados de definir cuáles son las principales metas por las que todos los trabajadores de la empresa, incluido el relaciones públicas, deben trabajar a largo plazo. Estos objetivos pueden incluir la expansión internacional, la implementación de una nueva forma de vender, mejorar la agilidad de la organización, ganar influencia, cambiar su posicionamiento u otro tipo de objetivos de negocio.

El departamento de relaciones públicas, como el resto de los departamentos de la empresa, debe contribuir a la consecución de estos objetivos a largo plazo. Para conseguirlo, ha de marcarse sus propios objetivos de relaciones públicas que ayuden a la empresa a conseguir los objetivos de negocio en el periodo establecido por los altos cargos. Para hacerlo, se diseñan planes de relaciones públicas a largo plazo.

Para empresas asentadas puede crearse un plan a cinco o diez años, según la dirección y los plazos que establezca la empresa. Suele trabajarse un objetivo ambicioso, más relacionado con el crecimiento empresarial o con la construcción (o cambio) de imagen de marca que con el desarrollo de campañas concretas. Por ejemplo, podemos plantearnos como objetivo a largo plazo recuperar la percepción de que Apple es una empresa innovadora. Para lo cual se trazará una línea comunicativa (plan a largo plazo) que se seguirá de manera constante y coherente durante varios años, aplicándose de distintas maneras y en diferente grado en todas las planificaciones, campañas y acciones que se desarrollen durante esos años.

Lo más difícil es saber qué dirección debe tomar la empresa, aunque, por suerte, ese trabajo corresponde a los directivos, quienes pueden desarrollar, junto con sus equipos, DAFO u otras técnicas de investigación. La función del departamento de relaciones públicas será la de adaptarse creando su propio plan de comunicación, que se mantendrá coherente durante esos cinco o diez años.

Para empresas nuevas, también es interesante crear un plan a cinco o diez años, pero los directivos habitualmente están demasiado desbordados poniendo en marcha la empresa como para considerar detalladamente los planes de comunicación. Desde el departamento de relaciones públicas podemos proponerles nuestro propio plan ya desarrollado. En estos casos, es recomendable que el plan se centre en comunicar la identidad de la empresa, que debe darse a conocer a la opinión pública, puesto que es nueva en el mercado.

Deberá crearse el plan atendiendo a los valores fundamentales o *core values* de la empresa, que en primera instancia deberán traducirse a mensajes clave de la marca. Estos mensajes tendrán presencia de manera subyacente en todas las campañas que se realicen durante este periodo, aunque lógicamente cada campaña los transmitirá de una forma diferente.

Para que esto se entienda mejor utilizaremos el ejemplo de la marca de equipamiento deportivo Nike. Su valor fundamental es la victoria (incluso su nombre alude a la diosa griega de la victoria, Atenea Niké); esto se traduce en un mensaje clave que subyace en todas las campañas de Nike: los deportistas más victoriosos llevan Nike. A su vez, esto tiene presencia de forma diferente en cada campaña de la marca, la que protagoniza Cristiano Ronaldo, como mejor futbolista, y la que protagoniza Serena Williams, como mejor tenista.

Puede resumirse que los planes a largo plazo suelen tener un objetivo muy ambicioso, pero poco concreto, abierto a ser interpretado o definido de diferentes formas:

- Durante cada año de ese periodo de cinco o diez años, se va concretando ese objetivo de diferentes maneras, dividiéndolo en metas más concretas y alcanzables.
- Alcanzar esas metas más pequeñas y concretas, en su conjunto, cumplirá con el objetivo global del plan a largo plazo.

Además de plantearnos cómo vamos a contribuir desde cada departamento, en nuestro caso el de relaciones públicas, a la consecución de los objetivos, debemos estimar lo que se hará cada año. Esto supone la creación de planes anuales que se trabajan al principio de cada año y estructuran el trabajo de los siguientes doce meses.

2.3. Planes anuales o a medio plazo

Los planes anuales son los planes específicos de relaciones públicas que se desarrollan cada año para contribuir al objetivo a largo plazo marcado por los directivos de la empresa. Se desarrollan al principio del periodo, habitualmente en enero, y en ellos planificamos con antelación nuestro trabajo de todo el año:

1. Estableciendo las diferentes campañas que se trabajarán durante el año desde el departamento de relaciones públicas.
2. Aportando a dichas campañas un orden de prioridad, según su potencial para contribuir a los objetivos.
3. Dividiendo estratégicamente el presupuesto anual.
4. Eligiendo las mejores fechas para cada campaña.
5. Buscando maneras de optimizar recursos
6. Localizando figuras intermediarias clave con las que trabajar ese año.

Así pues, la planificación anual permite, en primer lugar, elegir qué lanzamientos de la empresa se apoyarán a través de las relaciones públicas. Para realizar esta tarea suele partirse de la selección de conceptos clave realizada previamente por los departamentos de marca y producto, aunque esta no tiene por qué seguirse al 100 %. Si el departamento de relaciones públicas detecta oportunidades interesantes para comunicar otros productos por cuestiones ajenas a la empresa que estos departamentos, lógicamente, no tienen por qué haber contemplado, pueden planificarse campañas diseñadas específicamente para aprovechar dichas oportunidades.

Una vez elegidos los productos que van a comunicarse, hay que convertirlos en campañas. Esto supone manejar los mensajes, perfilar las primeras ideas creativas o a quién vamos a involucrar en cada campaña.

Es decir, el desarrollo de un plan anual supone trabajar con estrategia, en vez de ir «apagando fuegos» y resolviendo las situaciones cuando surgen.

Es un trabajo teórico y técnico (de organización) más que práctico. Busca la eficiencia en la utilización de los recursos y la efectividad con respecto a la consecución de los objetivos. Al terminar de pensar la planificación anual, deberíamos contar con un desglose de las diferentes campañas que se realizarán en el año, con un pequeño resumen de sus características más importantes.

2.4. Planificación de campañas o planes a corto plazo

La planificación de campañas es el tipo de planificación detallada que diseñamos cuando se acerca la fecha en la que habíamos planificado desarrollar una de las campañas planeadas en el plan anual. Es decir, la planificación de campañas surge para ir cumpliendo con el plan anual de la mejor manera, conforme avanza el año.

La planificación de campañas es, así, un trabajo que se desarrolla campaña por campaña, a lo largo del año, cuando llega el momento. Se diferencia de la planificación anual en que:

- Es más inmediata, se completa en un periodo de tiempo corto.
- Es más creativa, aunque mantiene la esencia estratégica.
- Es más específica y detallada.
- Aporta resultados concretos.

Si en el plan anual se ha marcado que se realizará una campaña para publicitar un producto en marzo, a mediados de febrero habrá que comenzar a planificar cómo se trabajará la campaña. Esto supone bajar al detalle lo que se ha planificado en el plan anual decidiendo qué se va a hacer exactamente en cada campaña.

En la planificación de campañas definimos los mensajes de cada campaña, diseñados para conectar con las audiencias, a través de los intermediarios. Aplicamos también las diferentes técnicas de trabajo de las relaciones públicas, pasando a la acción de manera práctica.

En este manual nos centraremos en los planes a medio plazo (plan anual) y los planes a corto plazo (campañas) y, en concreto, en los que se crean como estrategias proactivas, para publicitar marcas, productos o servicios.

2.5. Modelos teóricos de planificación de las relaciones públicas

Una planificación estratégica proactiva a medio o corto plazo se crea a través de un proceso de trabajo organizado en fases. Cada relaciones públicas marca las fases que mejor encajan con su manera de trabajar; por eso, diferentes autores reputados señalan diferentes procesos con distinto número de fases.

John Marston (1963) determina cuatro fases, a las que se suele hacer referencia como método RACE (o método IACE):

1. Investigación.
2. Acción.
3. Comunicación.
4. Evaluación de resultados.

Por su parte, Lesly (1981) establece las siguientes ocho fases de planificación:

1. Un análisis del clima general de valores y normas de la audiencia.
2. Un acercamiento a las estrategias que han llevado a cabo otros actores sociales.

3. Una valoración de la situación social y el papel de la organización en ella.

4. Una previsión de los problemas que potencialmente pueden surgir para la organización.

5. Una composición de las acciones que realizar, en forma de política o plan que se desarrolle considerando la información de contexto previamente recabada.

6. Una planificación del *tempus forma* que se aplicará, que permita conseguir los objetivos adaptándose a la situación del entorno analizado.

7. La ejecución de las acciones planificadas.

8. Un examen de los resultados o consecuencias del plan ejecutado.

Por último, de acuerdo con Wilcox y Cameron (2014), todo plan de relaciones públicas se compone de ocho elementos:

1. Situación.

2. Objetivos.

3. Público.

4. Estrategia.

5. Tácticas.

6. Calendario.

7. Presupuesto.

8. Evaluación.

Por supuesto, en el día a día del trabajo en empresa, nadie piensa en Marston, Lesly o Wilcox y Cameron antes de ponerse a trabajar. Sin embargo, un buen relaciones públicas aplicará un proceso de trabajo parecido a los sugeridos por estos autores. Al final, si uno se fija, en sus modelos hay ciertos aspectos comunes. El modelo de planificación que se propone a continuación parte de los modelos teóricos diseñados por estos autores, combinándolos con la experiencia y acercándolos al presente de la comunicación digital.

Planes anuales de relaciones públicas

El modelo de planificación que aquí se propone para el trabajo de las relaciones públicas tiene tres fases: una fase de preparación, una de diseño y una de evaluación.

Modelos de planificación: planes anuales

Preparación	Diseño	Evaluación
Situación	Estrategia y tiempos	*Benchmarking*
Objetivos	Diseño conceptual	Evaluación
Públicos		Reporte

La fase de preparación supone la recogida de información sobre la organización y su entorno a la que ya hacían referencia los autores clásicos. En este caso, se propone que se realice un análisis de la situación inicial de la empresa con respecto a su objetivo y cómo de cerca o de lejos se encuentra de poder conseguirlo. Una concreción del objetivo como tal, que sirva para que todo el equipo entienda qué debe conseguirse y, por último, un análisis de los públicos –recuérdese: intermediarios– que pueden ayudar a conseguirlo.

La fase de diseño supone tomar las decisiones que dan forma a la campaña y la fase de evaluación supone recoger, valorar y comunicar los resultados que se han conseguido, en relación con los objetivos.

Quizá los lectores más avispados hayan notado que esto supone que no se propone, para los planes anuales, una fase de implementación que contemple la realización de un trabajo de campo o real. Esto es porque la ejecución del plan anual es la planificación de las campañas. Ejecutar cada campaña conforme avanza el año supone implementar el plan anual. La fase de implementación sería, por lo tanto, meramente teórica.

3.1. Fase de preparación

La primera fase de trabajo consiste en asegurar que conocemos y comprendemos la información necesaria para afrontar el planteamiento estratégico de las relaciones públicas de nuestra empresa en el periodo anual. Es una fase de investigación, reflexión y, como su propio nombre indica, preparación.

Para afrontarla, en este manual se propondrá un proceso de trabajo que cubre un estudio de la situación de partida, una definición de los objetivos y una delimitación de los públicos organizacionales a los que la empresa debe involucrar en el plan.

A. SITUACIÓN

Comenzando por la parte relativa a la situación de partida, el trabajo de planificación debe arrancar con la ejecución de un breve análisis. No resulta necesario realizar una investigación de mercados, ni invertir una gran cantidad de recursos. Basta con que el relaciones públicas realice un análisis pausado y honesto de la situación en la que se encuentra la empresa con respecto a su objetivo.

Este tipo de análisis puede sustentarse en una búsqueda de información sobre la empresa orientada a descubrir qué se dice sobre ella en los medios de comunicación, en las redes sociales o en el entorno que interese a la empresa. Con esto se obtendrá un listado de términos que definan la forma en la que la opinión pública percibe la empresa, y este listado permitirá constatar si la opinión que existe sobre la empresa encaja con aquella que se está aspirando a construir. Este trabajo debe permitir al relaciones públicas aproximarse de manera realista a la situación de la empresa y definir si aquello que la empresa quiere conseguir es realista, si es factible pero ambicioso o si es algo que ya se encuentra cercano a alcanzar.

Por otra parte, el trabajo de preparación también incluye tareas de coordinación internas a la empresa. Antes de comenzar a planificar una campaña debemos reunirnos con otras áreas del departamento de comunicación o *marketing* y coordinar los esfuerzos. En ocasiones, departamentos como el de *marketing* de producto habrán analizado qué lanzamientos y aspectos de la marca es importante comunicar en este periodo, indicando una dirección que suele resultar estratégico seguir para que toda la comunicación de marca sea coherente. En relación con el plan anual de relaciones públicas, esto permitirá saber qué productos o líneas hay que promocionar para que podamos contribuir al desarrollo estratégico de la empresa, o desviarnos de la actuación del resto de departamentos, si esto último resultase estratégico.

Dicho de otra forma, resulta vital saber qué harán el resto de las áreas de comunicación para poder definir lo que deberá acometerse desde las relaciones públicas.

B. OBJETIVOS

Respecto a la definición de objetivos, el trabajo que debe realizarse también consiste, hasta cierto punto, en plantearse el rol que juega el departamento en la estrategia empresarial. Así pues, un buen punto de partida para los objetivos de un plan anual de relaciones públicas son los propios objetivos organizacionales. En una organización que funcione adecuadamente, estos habrán sido transmitidos a todos los trabajadores a través de diferentes acciones de comunicación interna, como reuniones o correos electrónicos.

El departamento de relaciones públicas debe interpretar esa información, relativa a los objetivos empresariales, y anticipar lo que supone para su trabajo de los próximos meses. Es decir, se debe realizar un proceso de traducción de los objetivos empresariales a objetivos de relaciones públicas que el departamento pueda cumplir a través de sus asociaciones clave y sus apariciones en medios ganados.

Por ejemplo: si el objetivo de la empresa es aumentar la venta *online,* el departamento de relaciones públicas puede plantearse como objetivo conseguir aparecer en medios digitales en los que se muestre el producto y se incluya un enlace a la página web. Así se derivará tráfico al punto de venta *online,* contribuyendo, de alguna forma, a la consecución del objetivo empresarial.

Aunque resultaría ideal poder marcar desde el inicio objetivos específicos y medibles, para los planes a medio plazo no resulta especialmente problemático que los objetivos anuales sean simplemente orientativos. De hecho, en ocasiones, esto puede servir para evitar que el proceso de planificación se vuelva abrumador. Continuando con el ejemplo recogido en el párrafo anterior, «aparecer en medios digitales en los que se muestre el producto y se incluya un enlace a la página web» no es un objetivo SMART, pero es un objetivo lo suficientemente concreto como para orientar los esfuerzos en esta etapa de la planificación.

Algunos de los objetivos de relaciones públicas más recurrentes son los siguientes:

- Aumentar la visibilidad: consiste en conseguir que se vea a la empresa y en recordar su existencia. No supone necesariamente que nos vean más personas –algo que a veces es difícil de medir en las relaciones públicas–, sino aparecer en más lugares y en más ocasiones. Esto aumenta también la sensación de relevancia social. Si un mismo consumidor percibe que se habla de nosotros en diferentes medios o nos ve en distintos entornos, sabrá que somos una marca que se mantiene viva y relevante.

- Aumentar la credibilidad: supone uno de los principales puntos fuertes de las estrategias de relaciones públicas con respecto a las de publicidad. Las relaciones públicas aspiran a que sean otros quienes nos recomienden; de tal forma, como se ha abordado brevemente al tratar el concepto de medios ganados, los mensajes resultan más creíbles.

- Controlar los daños tras una crisis de imagen de marca: este objetivo tiene relación estrecha con el anterior. Por lo general, cuando una organización enfrenta una crisis reputacional, las audiencias rechazan sus mensajes. Se vuelve aquí vital el rol de las relaciones públicas para frenar discursos de terceros que puedan resultar amenazantes, para potenciar otros más favorecedores o, simplemente, para canalizar las explicaciones que la empresa quiera aportar. Por lo tanto, siempre que exista una crisis reputacional o de imagen de marca, trabajar para revertirla debe ser uno de los objetivos principales, si no el principal, del departamento de relaciones públicas, pues es uno de los pocos departamentos, si no el único, que puede ayudar a revertir los daños.

- Potenciar las ventas: por supuesto, crecer en ventas es uno de los objetivos empresariales más comunes, pero desde los departamentos de comunicación hay que ser cauto en su formulación para el plan anual. Departamentos como el de relaciones públicas no controlan aspectos fundamentales para la venta, como el precio o las calidades de los productos. Por ese motivo, el objetivo debe formularse siempre en términos de *potenciar* o *impulsar*. El departamento de relaciones públicas puede incentivar que un producto se ponga de moda, puede organizar eventos que atraigan consumidores al punto de venta o derivar tráfico a la página web, pero no debe comprometerse a que los productos se vendan, dado que es algo que escapa a su control.

- Poner de moda un nuevo artículo: supone analizar los espacios en los que se crean las tendencias para nuestra área de negocio y colocar estratégicamente un producto en dichos espacios. La clave está en la colocación del producto en todos esos espacios a la vez –o en tantos como resulte posible– para crear una sensación de omnipresencia. Por ejemplo: si queremos poner de moda unos auriculares de *gaming* de categoría profesional, resultará útil que un buen porcentaje de los *influencers* de *gaming* los utilice en sus vídeos. Eso crea en la audiencia una curiosidad natural por probar ese producto que «todos usan». No resulta necesario que los *influencers* mencionen el producto, de hecho, puede ser más beneficioso que no lo hagan, dado que así el consumidor sentirá que ha descubierto una tendencia por sí mismo.

Por supuesto, estos son solo algunos de los objetivos que se trabajan de manera habitual. Este listado puede servir como guía para momentos en los que la dirección empresarial sea poco clara y el departamento se encuentre perdido. No obstante, lo más recomendable es plantearse siempre cómo podemos contribuir de mejor manera a los objetivos empresariales con aquello que está bajo nuestro control.

Una vez traducidos los objetivos empresariales a objetivos de relaciones públicas, debe identificarse cuál es el principal objetivo de entre todos los que van a trabajarse. Es decir, en caso de trabajarse más de un objetivo por año, debe establecerse un orden claro de prioridades. Para ello basta con plantearse cuál de los objetivos que podemos cumplir desde el departamento contribuye en mayor medida al objetivo general de la empresa. Ese será el objetivo principal o prioritario. Al resto de objetivos también se les asignará un orden de prioridad siguiendo el mismo criterio.

C. PÚBLICOS

La última tarea de la fase de preparación es la delimitación de los públicos organizacionales a los que se involucrará en la estrategia. Debe recordarse aquí que, en las relaciones públicas, denominamos público a aquellos agentes de influencia que pueden actuar como intermediarios entre la organización y la audiencia final.

En general, resulta recomendable que los departamentos de relaciones públicas se sienten con sus responsables y trabajen en la creación de un mapa de públicos organizacional que recoja por escrito aquellos actores sociales con los que resulta estratégico establecer relación en general, siempre. Más allá de esto, es también recomendable actualizar anualmente el mapa de públicos organizacional al realizar el plan anual de relaciones públicas, dado que puede haber actores cuya ayuda quizá no sea clave para el desarrollo global de la empresa, pero resulte útil para la consecución de un objetivo anual concreto.

A grandes rasgos, puede decirse que la creación de un mapa de públicos implica realizar tres tareas:

1. Identificar los diferentes públicos de la organización: puede partirse de un listado de sus *stakeholders* y posteriormente evaluar con cuáles de ellos resulta posible establecer una relación fructífera.

2. Otorgar a cada público una puntuación de acuerdo con su importancia estratégica: para ello se debe valorar su capacidad para influir o empujar en la dirección que interesa a la empresa, así como la capacidad de la empresa para influir sobre ellos. Es decir, cómo de factible resulta convencerlos de que nos ayuden y cuánto podrán ayudarnos si los convencemos.

3. Traducir la información recabada en los dos pasos anteriores en una representación visual que podamos consultar fácilmente y de un único vistazo.

En este manual recomendaremos la creación de un mapa de públicos por niveles (o *tiers*) de importancia. Es decir:

1. Partiremos del orden de prioridad de objetivos anteriormente establecido.

2. Junto a cada objetivo indicaremos los públicos que pueden contribuir a su consecución.

3. Ordenaremos (subdivisión) los públicos que contribuyen a cada objetivo según su poder de contribución.

Los públicos que contribuyan a conseguir el objetivo más importante serán los públicos de nivel 1 (o *tier* 1) y de ahí se irá desdoblando el resto. El público que más contribuya al objetivo principal será el público más importante con el que se debe trabajar ese año.

Ejemplo de mapa de públicos para una marca de cerveza aragonesa

Orden de prioridad	Objetivo	Público
1	Potenciar la venta en supermercados	1. Supermercados aragoneses
		2. Supermercados nacionales
		3. *Influencers* nacionales
2	Llevar tráfico de consumidores a los bares	1. Bares aragoneses
		2. Medios de comunicación nacionales
		3. *Influencers* nacionales
3	Reforzar la imagen de marca aragonesa	1. Medios de comunicación locales
		2. *Influencers* locales
		3. Instituciones locales

En el ejemplo puede verse que para la marca el objetivo principal es potenciar la venta en supermercados. Los públicos organizacionales que pueden ayudarla a conseguirlo son los supermercados aragoneses, los supermercados nacionales y los *influencers* nacionales. Estos serán los públicos de nivel 1. De entre ellos el más importante son los supermercados aragoneses, dado que pueden influir sobre el resultado y la marca tiene facilidad para conseguir su apoyo.

3.2. Fase de diseño

Con el mapa de públicos realizado, puede pasarse a la siguiente fase de la planificación anual, que supone comenzar a diseñar la estrategia de actuación en sí misma. En ese sentido, lo primero a lo que debe atenderse es la gestión de los tiempos, que, como todo, debe trabajarse con anticipación y de manera estratégica.

Para realizar este trabajo, se comienza eligiendo los momentos en los que la organización realizará un esfuerzo de comunicación proactivo. Una buena manera de hacerlo es comenzar por una investigación de aquellos momentos sociales que se prevé que tendrán lugar durante el año y que pueden afectar positiva o negativamente al lanzamiento de los productos y a la comunicación de la marca. Se trata de listar aquellos momentos que previsiblemente atraerán la atención del público y que suponen una oportunidad para la comunicación. De igual forma, es necesario delimitar aquellos momentos que puedan entrañar una dificultad extra para el desarrollo de las campañas, de forma que podamos evitarlos.

En ocasiones, esto está abierto al criterio del relaciones públicas. Por ejemplo: el *Black Friday* es un momento en el que previsiblemente los consumidores estarán atentos a la comunicación de las marcas, ante la expectativa de encontrar buenos descuentos. Esto puede suponer una buena oportunidad para algunas marcas, especialmente si buscan vender o liberar una gran cantidad de *stock* muerto. Sin embargo, puede suponer una desventaja para otras marcas por la saturación publicitaria que se produce durante dicho periodo.

Para maximizar el resultado que se obtiene al invertir los recursos de la organización, resulta importante investigar sobre estos momentos y organizar las campañas en torno a ellos o, como mínimo, considerándolos.

Con respecto a los momentos que suponen una amenaza, basta con evitarlos. Sin embargo, el aprovechamiento de los momentos que suponen una oportunidad es más complejo.

En primer lugar, cabe indicar que estos momentos se conocen como momentos tácticos o *tactic moments.* Los momentos tácticos son momentos de interés social, en los que nuestros públicos y nuestras audiencias están presentes, sobre los que quieren informarse o en los que quieren participar. Independientemente de que la organización consiga ligarse a dicho momento, o no, el momento sucederá y los públicos estarán pendientes de él. Véase, por ejemplo, la Navidad: independientemente de que una empresa decida no participar de la campaña navideña, los consumidores visitarán las tiendas y páginas web de los grandes almacenes y realizarán sus compras.

Algunos momentos tácticos, como la Navidad o el *Black Friday,* resultan de interés para el diseño de la planificación de cualquier organización. Pero las marcas deberán plantearse también si existen momentos tácticos que afecten específicamente a su sector. Por ejemplo, para una marca de trajes de novio de Zaragoza, la semana Nupzial es un momento táctico porque su audiencia estará presente en el evento buscando información sobre productos relacionados con bodas.

Los *tactic moments* también pueden ser momentos de interés social que resuenan con la identidad de la marca y a los que esta trata de sumarse para reforzar su imagen. Por ejemplo, para marcas de cualquier sector que quieran posicionarse como marcas de lujo, eventos como la gala de los Goya pueden ser un momento táctico a pesar de tener una temática cinematográfica, por el ambiente que se crea en su alfombra roja.

Así pues, la planificación temporal de las relaciones públicas se ve afectada por los momentos sociales. Además, también afectan las fechas de los lanzamientos, así como otras acciones que las distintas subdivisiones del departamento de *marketing* puedan tener planeadas y nuestras propias consideraciones estratégicas. Para conjugar toda esta información es recomendable trabajar un calendario que sirva para organizar en una única página todas las casuísticas temporales que afectan a la campaña.

Una vez que tengamos toda la información relevante recogida en el calendario, podremos proceder a la toma de decisiones estratégicas.

Una manera de realizar el calendario consiste en crear una tabla en la que se adjudique una columna a cada mes del año. Posteriormente, se dedicará una fila a recoger las fechas de los lanzamientos, otra a los *tactic moments,* una más para recoger las acciones que planea cada departamento, y se dejará una fila libre para ubicar nuestras propias acciones, una vez definidas.

Plantilla de calendario de planificación

	Ene	Feb	Mar	Abr	May	Jun	Jul	Ago	Sep	Oct	Nov	Dic
Lanzamiento												
Tactic moment												
Otros departamentos												
Relaciones públicas												

La realización del calendario debe ayudar a discernir la manera óptima de invertir los esfuerzos del departamento de relaciones públicas. Analizar toda la información en un solo vistazo permite localizar lanzamientos que no están bien aprovechados, momentos tácticos que quedan cerca de los lanzamientos, campañas que ya tienen suficiente apoyo de comunicación y otras casuísticas de interés para la planificación anual de nuestras campañas.

Recopilar y analizar esta información debe servirnos para decidir:

- Los lanzamientos que vamos a apoyar y los que no.
- Los lanzamientos que vamos a apoyar de forma prioritaria.
- Los *tactic moments* que queremos aprovechar.
- Las fechas aproximadas de cada campaña.

La planificación anual de las relaciones públicas supone la toma de decisiones lógicas y estratégicas para conseguir cumplir con los objetivos de la mejor forma posible con los elementos que podemos manejar y controlar. Con el calendario terminado, y durante esta fase, definimos lo que nos interesa apoyar, por qué nos interesa apoyarlo y con qué nivel de importancia. Estas decisiones se reflejarán en la línea del calendario que habíamos dejado libre.

Por otra parte, también influirán en el reparto de presupuestos, que en esta fase debe realizarse siempre de forma estratégica (no con base en estimaciones de costes). Esto supone considerar el presupuesto de relaciones públicas como una cantidad que la organización nos confía para que la invirtamos en la consecución de sus objetivos. De tal forma, invertiremos la mayor cantidad de dinero en el lanzamiento que mejor permite conseguir los objetivos.

En esta parte no se consideran especialmente los costes de las acciones que se van a realizar, porque todavía no se han definido dichas acciones y, por lo tanto, resulta imposible saber cuánto costará realizarlas. Además, organizar el presupuesto con base en los costes supone adecuar la estrategia a los precios que otros han marcado y esto no resulta especialmente eficiente. Lo estratégico es repartir el presupuesto entre las diferentes campañas, considerando su importancia para el plan anual, y, posteriormente, valorar qué resulta factible hacer con el presupuesto que hemos marcado para esa campaña.

Para realizar este trabajo, puede partirse del mapa de públicos, que cuenta ya con un orden de objetivos por prioridad. Dividiremos el presupuesto por objetivos, colocaremos las campañas en el objetivo correspondiente y dividiremos el presupuesto de dicho objetivo entre las distintas campañas, siempre siguiendo el criterio de la prioridad y no el de los costes.

Por supuesto, no existe una fórmula ideal y replicable para la planificación de las relaciones públicas, ni para la organización de presupuestos. La «mejor planificación posible» variará conforme lo hagan nuestros objetivos, lanzamientos, situación y los momentos sociales. De cualquier forma, al finalizar la fase de diseño estratégico el relaciones públicas debería contar con dos documentos que le permitirán trabajar con estrategia durante el año: el calendario y el mapa, con su correspondiente organización presupuestaria de campañas y de públicos.

Ejemplo: mapa de públicos con sus campañas y reparto de presupuestos

Orden de prioridad	Objetivo	Presupuesto	Campaña	Público
1	Potenciar la venta en supermercados	50 000	La cerveza de la primavera	1. Supermercados aragoneses
				2. Supermercados nacionales
		40 000	Una cerveza en tu balcón	3. *Influencers* nacionales
2	Llevar tráfico de consumidores a los bares	25 000	Cerveza y concierto, una noche de verano	1. Bares aragoneses
				2. Medios de comunicación nacionales
				3. *Influencers* nacionales
3	Reforzar la imagen de marca aragonesa	7000	Campaña semana goyesca	1. Medios de comunicación locales
		12 000	Campaña fiestas del Pilar	2. *Influencers* locales
				3. Instituciones locales

B. DISEÑO CONCEPTUAL

De forma natural, al definir los momentos clave que se pretende aprovechar y los lanzamientos que se pretende apoyar, surgen las primeras ideas creativas. Sin embargo, durante la planificación anual las ideas deben plantearse únicamente de forma orientativa, como guía. No es momento de concretar todo lo que se hará en cada campaña, pues conforme avance el año pueden darse situaciones que afecten a la planificación inicial: pueden surgir nuevos *tactic moments,* puede haber cambios en el presupuesto o situaciones imprevistas.

Por lo tanto, la planificación anual de las relaciones públicas de la organización no incluye el desarrollo de una estrategia creativa. Dicha estrategia se trabajará para cada campaña, cuando llegue el momento de planificarla y ejecutarla. Lo que sí debe hacerse al inicio del periodo es acotar de manera general la línea de actuación para futuras campañas, siempre partiendo de las narrativas que compartimos con otros departamentos, las características del producto y nuestra identidad de marca.

Es importante ir haciéndose una idea global de cómo será cada campaña creativamente y cuál será la acción principal. Por ejemplo, saber que esta campaña consistirá principalmente en el desarrollo de un evento y que en esta otra se trabajará con medios de comunicación. Sin embargo, no es recomendable obsesionarse con detallar las ideas, pues una campaña que tiene lugar en junio nunca será exactamente como se planeó en enero.

Además de determinar la acción principal, es recomendable ir planteándose qué públicos, de los marcados en el mapa de públicos, resultan figuras clave para el año por su afinidad con los objetivos perseguidos. Aquellos públicos con los que podamos trabajar en más de una campaña, o a los que podamos activar de manera natural en momentos de inacción, serán nuestras *hero partnerships.*

Las *hero partnerships* son empresas, medios, *influencers* o celebridades concretos que encajan a la perfección con todos los objetivos anuales de la empresa. Es decir, asociaciones clave para el año que, sin ir específicamente asociadas a una de las campañas planeadas, pueden ayudarnos a conseguir nuestros objetivos empresariales.

Es importante no confundir a los *hero partners* con nuestras empresas proveedoras No porque necesitemos luz para todos nuestros eventos Endesa será nuestro *hero partner.* El *hero partner* nos ayuda a conseguir los objetivos a través de su aval y recomendación, potenciando nuestras apariciones en medios ganados.

En este punto también podemos definir en qué momentos del año querremos activar estas asociaciones clave. Las *hero partnerships* encajan bien con todas las campañas del año, dado que tienen una conexión con el objetivo general que persigue la organización durante dicho periodo. En ese sentido, puede tratar de formalizarse un contrato anual que garantice que participarán de una forma u otra en todas las campañas del año y en otras ocasiones, cuando se los necesite.

Puede contarse con una *hero partnership,* por ejemplo, para activar la comunicación de marca en momentos en los que no hay nada estratégico planeado, con el objetivo de evitar caer en la inacción.

Así pues, terminada la fase de diseño conceptual de la planificación anual, contaremos con una idea general de la acción principal de cada campaña y las asociaciones clave que pueden explotarse.

3.3. Fase de evaluación

El trabajo de planificación queda, así, finalizado, y solo queda pendiente esperar a que el año avance y llegue el momento de poner en marcha las diferentes campañas. En la planificación anual de las relaciones públicas, la fase de implementación es, por lo tanto, teórica en cuanto que supone la puesta en marcha de las diferentes campañas planificadas en las fases anteriores, una vez llegado el momento.

En diciembre (o al final del periodo anual con el que trabaje cada organización), una vez implementadas todas las campañas, comienza la fase de evaluación. Esta fase comienza con un ejercicio de recogida de los datos relativos a los resultados conseguidos con cada campaña del año.

A. *BENCHMARKING*

Al terminar cada campaña, de forma interna al departamento, recogemos datos sobre su éxito y los almacenamos en un documento de campaña. Partiendo de ellos, al final del año resulta recomendable realizar un ejercicio de *benchmarking*.

El *benchmarking* es la creación de un archivo histórico de datos. En él debemos guardar los resultados que se han conseguido cada año. Normalmente se trabaja en formato Excel y los resultados se organizan por campañas, de la siguiente forma:

1. Se crea una hoja Excel para cada año.
2. En dicha hoja se crea una columna por cada campaña.
3. En cada fila se colocan los medidores de resultados.
4. Se calculan los datos totales de cada fila y se destacan como resultados finales del año.

La realización de esta tarea permite obtener los datos desglosados, así como almacenarlos en un histórico para facilitar su consulta. Sin embargo, este trabajo es más de medición que cualitativo, dado que por sí solo no aporta conclusiones de valor. Es necesario, por lo tanto, reunirse como equipo para presentar los datos que se han recabado y evaluarlos cualitativamente.

B. EVALUACIÓN

El proceso de evaluación consiste en aportar sentido a los datos recogidos en el Excel para poder valorar cualitativamente el rendimiento del departamento a lo largo del año.

Debe realizarse una reunión intradepartamental en que, partiendo del Excel, se pueda:

- Comparar el desempeño de las diferentes campañas del año entre sí.
- Constatar el nivel de éxito del plan anual con respecto a los de años anteriores.
- Contar con una visión de conjunto de los datos de la que obtener conclusiones y propuestas de mejora.

Este ejercicio es interno al departamento y sirve para poder mejorar en el futuro. No resulta pertinente compartir sus resultados con nadie más, a no ser que se solicite explícitamente por algún motivo.

Además de realizar este ejercicio interno de autoevaluación anual que compartimos únicamente con los miembros del equipo, resulta recomendable crear un documento específico que sirva para poder compartir la información más relevante con otros equipos o con los altos cargos de la organización.

C. REPORTE

Este documento externo cumple una función de reporte. Los departamentos de comunicación, por norma general, requieren una gran cantidad de inversión que no siempre tiene un retorno claro, en términos monetarios, para la empresa. En ese sentido, resulta importante ser capaces de justificar nuestra valía lo mejor posible, plasmando por escrito aquello que hemos aportado a la empresa.

Es importante ser conscientes de que este documento de reporte se dirige a personas que reciben grandes cantidades de información, tienen poco tiempo y un conocimiento menos especialuzado en relaciones públicas que el nuestro. Por otra parte, los altos cargos se dedican a mantener la dirección de la empresa y suelen ser ágiles con los números y tener una excepcional capacidad para interpretar datos.

El documento de reporte que creemos para ellos tiene que estar adaptado a esos condicionantes. Es recomendable que:

- Sea lo más breve posible.
- Resulte fácil de interpretar.
- Refleje cómo hemos traducido los objetivos empresariales a objetivos de relaciones públicas y colaborado a su consecución.
- Aporte ejemplos que permitan visualizar, comprender y recordar las acciones más importantes del año.
- Destaque lo que hemos hecho mejor.
- Suponga una evaluación sincera, en la que se reconocen los errores y se sugieren mejoras.

En ese sentido, es recomendable que el documento de reporte anual se realice en formato presentación, con preferencia sobre un documento redactado. No es recomendable que la extensión supere las dos diapositivas. En ellas debe condensarse de manera sencilla la información más relevante de la planificación anual. Por ejemplo, pueden seleccionarse los dos o tres objetivos que mejor se correspondan con los objetivos anuales de la organización y aportar solamente lo que hemos conseguido en el departamento en relación con esos dos o tres datos. Resulta importante que los datos aparezcan puestos en contexto, por ejemplo, indicando bajo ellos el porcentaje de crecimiento que suponen con respecto al año anterior.

Por último, dado que el documento debe servir para que los demás conozcan y recuerden nuestras aportaciones, resulta estratégico seleccionar nuestra mejor acción del año e incluirla con sus datos y una representación visual que permita que se entienda rápidamente en qué consistió la acción.

Además, es posible que tengamos que presentar esta información a un mando intermedio para que él la presente a los altos cargos. Es aconsejable reunirse con ese mando intermedio en persona para explicarle el contenido del informe. Para esa reunión, cabe preparar una frase que resuma el año, la explicación de los datos negativos y un resumen de la estrategia que recoja a qué hemos dado prioridad, así como otra información relevante e «invisible».

Planificación de campañas de relaciones públicas

Como se adelantaba hace algunas páginas, la planificación anual se realiza al principio del periodo y en ella se definen las campañas que se trabajarán a lo largo del año, marcando también unas guías o pautas que permitan hacerse una idea general de lo que se hará en cada campaña. Cuando se acerca la fecha que se había definido para una campaña, es momento de pararse a planificar en detalle dicha campaña y su estrategia. Dicho de otra forma, la planificación de las campañas de relaciones públicas a corto plazo supone implementar el plan anual, una vez llegado el momento en el que se había colocado cada campaña.

En este capítulo abordaremos cómo hacerlo. De igual forma que sucedía en los planes anuales, contamos con un modelo de planificación que debemos seguir. En este caso, el modelo de planificación tiene cuatro fases:

- fase de preparación;
- fase de diseño;
- fase de acción;
- fase de evaluación.

Modelo de planificación de campañas a corto plazo

Preparación	Diseño	Acción	Evaluación
Objetivos Públicos	Estrategia y tiempos Diseño conceptual Técnicas y tácticas	Implementación	Medición Evaluación Soporte

A continuación, se presentará de manera pormenorizada cómo se desarrolla cada una de dichas cuatro fases, dando lugar a la planificación completa de una campaña de relaciones públicas.

4.1. Fase de preparación

Es la fase en la que repasamos y recordamos toda la información y planificación que definimos al inicio del periodo para esta campaña. Por ejemplo, con cuánto presupuesto contamos, qué nivel de importancia tiene este lanzamiento, qué objetivo estratégico y empresarial estamos trabajando, cómo habíamos planeado explotar este lanzamiento y qué asociaciones con públicos organizacionales resultaban de importancia.

Todas estas cuestiones pueden haber cambiado con el tiempo desde el momento en el que se esbozó la campaña como parte de la planificación anual de las relaciones públicas y, por lo tanto, deben ser revisadas y actualizadas para que reflejen la situación actual.

A. OBJETIVOS

Adicionalmente, al repasar los objetivos que se habían definido para la campaña, debe realizarse también un trabajo de concreción. En la fase preparatoria de la planificación anual los objetivos se habían marcado de forma general, a modo de guía. En algunos casos, dichos objetivos pueden resultar excesivamente abstractos o intangibles. Se hablaba, por ejemplo, de mejorar la visibilidad o de llevar tráfico a los puntos de venta. Estos objetivos sirven bien para la planificación anual, dado que al inicio del periodo resulta suficiente con marcar una guía de actuación. No obstante, una vez llegue el momento de pasar a la acción y la campaña se realice, querremos saber qué tal ha salido y si hemos cumplido con los objetivos. Para esto, será necesario trabajar objetivos concretos que puedan medirse.

Así pues, una de las primeras tareas que deberán realizarse para planificar una campaña de relaciones públicas es convertir los objetivos anuales en objetivos concretos de campaña. Nos referimos a esos objetivos concretos como KPI.

Los KPI (o *Key Performance Indicators*) son los indicadores de éxito que sirven para medir numéricamente los resultados conseguidos con una campaña o un proyecto, ya sea de relaciones públicas o de otras disciplinas. Así pues, el uso de KPI no resulta exclusivo de las campañas de relaciones públicas: también se utilizan KPI para medir el desempeño de acciones de *marketing* digital o de estrategias de negocio, en general.

Lo importante aquí es que el lector aprenda a diferenciar entre un objetivo abstracto, como mejorar la visibilidad, y un KPI. En ese sentido, cabe apuntar que los *Key Performance Indicators* reflejan la información en forma de dato total o de porcentaje. Los KPI tienen, además, una función doble. Por un lado, sirven como objetivo y, por el otro, una vez finalizada la campaña, se reflejan como resultado.

Dos KPI, funcionando como objetivo y como resultado

Objetivo general	KPI	Objetivo	Resultado
Poner de moda un artículo	Posts totales	150	130
	Clics al *e-commerce*	2000	2367

Antes de que la campaña comience, deberá realizarse el ejercicio de avanzar los resultados que podrán medirse y que mejor reflejarán el cumplimiento de los objetivos. Es decir, deben marcarse como objetivos unos determinados KPI.

Antes de comenzar la campaña, el KPI sirve como objetivo y, al finalizar la campaña y obtener los datos finales, el mismo KPI sirve como resultado. De la misma forma, esto quiere decir que nuestra campaña ha resultado eficaz, puesto que ha conseguido transformar los objetivos deseados en resultados conseguidos. Los datos conseguidos con cada campaña en relación con los diferentes KPI se almacenarán para que pasen a formar parte del documento de *benchmarking* al que se hacía referencia anteriormente en la planificación anual.

Profundicemos un poco en cómo realizar esta tarea. Sabemos que en las relaciones públicas podemos trabajar con diferentes públicos, de entre los que destacan los medios de comunicación y los *influencers.* También, que podemos desarrollar con ellos acciones que impliquen, o no, una relación contractual y/o económica. Deberá tenerse esto en cuenta para marcar los KPI de una campaña, pues no en todo tipo de acciones podremos contar con todos los datos que idealmente nos gustaría manejar.

Al desarrollar acciones que no implican una relación contractual o una remuneración del público intermediario –por ejemplo, al enviar un paquete de regalo a un *influencer*–, no resulta apropiado solicitar los datos relativos al rendimiento de su publicación. Dependiendo de la red social que sea y el tipo de publicación, quizá el propio *influencer* no pueda acceder a conocer dichos datos, aunque estuviese dispuesto a facilitárnoslos gratis.

Así pues, para definir los KPI la primera tarea que debe hacerse es atender a lo que podrá medirse en la práctica.

Si realizamos acciones con medios de comunicación, pueden recopilarse datos relativos a KPI como los *clippings,* la audiencia del medio o las impresiones y los clics o los *backlinks.* A continuación, puede encontrarse algo de información sobre cada uno de dichos KPI.

Los *clippings* son un KPI tradicional del trabajo con medios de comunicación. Cada *clipping* es un recorte –habitualmente en forma de imagen– que se guarda de las apariciones en medios que se han generado con la campaña. Es un KPI que permite medir el objetivo de mejorar la visibilidad, dado que recoge cuántas apariciones en medios se han generado y, por lo tanto, en cuántas ocasiones se ha mostrado la marca. El dato de *clippings* es fácil de obtener en casi cualquier tipo de campaña, dado que puede recogerlo el propio relaciones públicas de forma relativamente sencilla. Para medios impresos, por ejemplo, resulta útil que el departamento de relaciones públicas cuente con una suscripción a los principales medios de su interés y que al recibirlos se realice una revisión manual con la que recoger los *clippings.* Para medios audiovisuales o de internet, existen en el mercado español diversidad de agencias que se dedican a recoger *clippings.*

Otro dato que resulta útil observar es aquel que indica a cuántas personas ha llegado la campaña. Desde el *marketing* digital, al comprar publicidad en un medio, puede llegar a conocerse el dato con bastante precisión. Lo mismo sucederá si desarrollamos acciones de pago con dichos medios desde las relaciones públicas. En estos casos, probablemente podremos contar con un dato de *reach* o de usuarios únicos que nos permita conocer cuántas personas han consultado el contenido. Por otra parte, si un medio publica una información sobre nosotros de manera gratuita, resulta muy poco probable que pocamos contar con ese tipo de datos. Puede atenderse entonces a datos más fáciles de recabar, pero menos precisos, como la audiencia o tirada del medio o el número de veces que se ha mostrado un contenido (impresiones).

Por último, se proponen también un par de KPI que pueden servir para medir la contribución del departamento de relaciones públicas al crecimiento del *e-commerce* y las ventas, siempre teniendo en cuenta que desde las relaciones públicas resulta extremadamente difícil asegurar la venta como tal. En ese sentido, lo que puede hacer el departamento de relaciones públicas es medir su contribución a que los usuarios visiten la página web. Esto puede hacerse de dos maneras. La primera sería a través de los clics. Como su propio nombre indica, el KPI clics permite medir cuántas personas han hecho clic en un enlace y han aterrizado en la página web. Por supuesto, aquí nos referiremos siempre a los clics que se han generado con acciones de relaciones públicas. Por lo tanto, debe haber un paso previo, que es conseguir que alguien publique un enlace a nuestra web en el que la audiencia pueda clicar. A estos enlaces se los conoce como *backlinks* y su dato total también puede servir como KPI. El dato total de *backlinks* se corresponderá con el número de veces que hemos conseguido que otros publiquen un enlace a nuestra web. Sin entrar en demasiado detalle a cuestiones técnicas, ambos datos resultan relativamente fáciles de conseguir para la marca, independientemente de que haya pagado por la acción o no.

Sugeriremos a continuación algunos KPI que pueden utilizarse para medir las acciones desarrolladas con *influencers*. En este caso, se trata de la audiencia potencial, los posts totales, el *reach*, el *engagement* total, el *engagement rate* (o ratio de *engagement*) y las conversiones.

La audiencia potencial es el dato resultante de sumar el número de seguidores de todos los *influencers* que han estado involucrados en una campaña. Es un dato que no resulta fiable, pero que, sin embargo, se utiliza por la imagen de éxito que proyecta. El objetivo de este KPI es aportar una aproximación general al número de personas de la audiencia que potencialmente han podido verse expuestas a nuestros mensajes. No obstante, como se adelantaba, no se trata de un dato fiable, pues debe tenerse en cuenta que un mismo usuario puede seguir a más de uno de los *influencers* que han participado en la campaña. De hecho, si se ha realizado un buen trabajo de perfilado de la audiencia y los *influencers,* probablemente sea así. Al sumar los datos de seguimiento de todos los *influencers* y presentarlos como un dato total, se están obviando esas más que probables duplicidades.

Un dato que sí resulta interesante medir, como indicativo de la calidad del trabajo de relaciones públicas que se ha realizado en la campaña, es el de los posts totales. El dato de posts totales recoge el número total de publicaciones que los *influencers* han realizado sobre una campaña. Recabar este dato resulta útil para cualquier campaña, pero especialmente para aquellas que no incluyen acciones de pago y en las que se ha tratado de motivar a los *influencers* para que publiquen aprovechando una amistad previa con la marca o a través de algún incentivo no económico. Para explicarlo de una forma sencilla, pondremos dos ejemplos. En el primer ejemplo el departamento de relaciones públicas ha generado 200 posts totales a través de un evento al que invitó a 147 *influencers.* El evento ha estado bien trabajado, pues ha potenciado que todos los *influencers* invitados publiquen al menos una vez, o incluso más. En el segundo ejemplo, el departamento de relaciones públicas ha enviado un paquete de regalo a 40 *influencers* con el objetivo de que lo utilicen y lo muestren en sus redes sociales. Sin embargo, el dato de posts totales es de 25. Esto supone que al menos 15 de los *influencers* no han apoyado a la marca, por lo que el presupuesto invertido en dichos 15 envíos ha estado mal aprovechado. Si la campaña incluye acciones como eventos o envíos de producto, el número de posts totales será, por lo tanto, un buen indicador de su nivel de éxito, puesto que mide a cuántos *influencers* hemos logrado involucrar en la campaña y con cuánta potencia.

Sin embargo, no todas las campañas aspiran a involucrar a un gran número de *influencers*. En ocasiones es un único perfil el que nos interesa y, para garantizar su apoyo, formalizamos la relación en reuniones de negociación, a través de acuerdos o contratos y/o de retribución. En ocasiones como estas, el *influencer* adquiere un compromiso con la marca y forma parte de un mismo equipo con el relaciones públicas, de manera que ambos contribuyen tanto como les es posible al éxito de la campaña. Este tipo de situación permite solicitar al *influencer* datos sobre el alcance de sus publicaciones a los que, al menos por ahora, solo él tiene acceso. Uno de los datos más importantes sería el *reach,* que recoge el alcance de una publicación de manera precisa. Es importante poder contar con este dato por dos motivos. El primero es obvio: la organización necesita saber a cuántas personas ha impactado la campaña. El segundo es que el dato de alcance o *reach* sirve de contexto para entender mejor otros datos. Por ejemplo, si atendemos al dato que refleja cuántas personas han hecho clic en la campaña, el dato, por sí mismo, puede resultar difícil de interpretar. Aportar conjuntamente el dato de alcance puede servir para contextualizar los clics, pues permite saber qué porcentaje de los usuarios que han visto la campaña han clicado en ella, y esto sí permite hacerse idea de su efectividad.

Lo mismo sucede con el dato de interacciones o *engagement,* que refleja cuánto ha gustado una publicación atendiendo a sus comentarios, me gusta y otro tipo de interacciones propias de cada red social. El *engagement* puede presentarse en forma de dato total, dado que el número de *likes* y comentarios suele ser visible para cualquier usuario; por lo tanto, independientemente de la relación que se establezca con un *influencer,* podrá consultarse y registrarse este dato. Si, además, se establece con el *influencer* una relación más formal, como la anteriormente descrita, podrá ponerse el dato de *engagement* total en relación con el de *reach,* dando lugar a un dato que recoja el porcentaje de interacciones generadas en relación con el alcance total de la campaña. Este dato se conoce como *engagement rate* o ratio de *engagement* y supone una excelente métrica de calidad para las campañas.

Por último, si lo que se busca es contribuir en la medida de lo posible a aumentar las ventas de un producto –sabiendo, por supuesto, que esto es algo a lo que el departamento de relaciones públicas no puede comprometerse–, pueden establecerse como métrica las conversiones. El dato total de conversiones refleja el número de ventas que se ha generado con una campaña. Para poder medirlo hay que trabajar en colaboración cercana con el *influencer* en alguna acción específicamente orientada a la venta. Asimismo, hay que ser capaces de medir cuántas ventas vienen específicamente de la acción realizada con ese *influencer.* Por lo tanto, para poder utilizar las conversiones como métrica, debe enviársele al *influencer* un código de descuento personalizado con su nombre o un enlace trackeado –un enlace que sirve para recoger información– que permita identificar que una venta proviene de dicha acción. Si se miden las ventas o conversiones, en ocasiones muy concretas, puede medirse también el *revenue,* un dato que refleja el importe en euros que suman dichas ventas. Por favor, téngase en cuenta aquí que el objetivo de las relaciones públicas no es que cada campaña se convierta en un punto de venta extra para la empresa; su objetivo es controlar la imagen pública de la empresa y sus interacciones. En ese sentido, los datos de conversiones y *revenue* deben manejarse con cuidado, entendiendo que en las campañas de relaciones públicas la venta es más un añadido colateral que un objetivo económico.

Otra cuestión importante a la hora de definir los KPI de una campaña de relaciones públicas es la dificultad intrínseca que existe para marcar previamente un dato estimado que recoja lo que debe conseguirse con la campaña. Cuando hablamos de definir KPI y objetivos concretos, en algunas disciplinas cercanas, como el *marketing* digital, existe información suficiente como para poder estimar un número que queremos alcanzar de forma ideal, lo cual nos permite establecer un KPI numérico. Por ejemplo, que con esta campaña debemos alcanzar un dato mínimo de dos millones de interacciones.

En las campañas de relaciones públicas resulta más complicado anticipar un dato, porque intervienen una multitud de factores que la organización no puede controlar, como el número de publicaciones o el diseño que les dará un *influencer*. Por lo tanto, no siempre marcamos un valor numérico que funcione como objetivo para cada KPI. Lo importante es saber qué KPI tendremos que medir al terminar la campaña para poder justificar que se ha cumplido con los objetivos cualitativos que queríamos trabajar.

No obstante, es posible que los altos cargos de la organización no lleguen a comprender por qué resulta complejo estimar un dato desde las relaciones públicas, a pesar de que les expliquemos que, por su naturaleza, las relaciones públicas dependen en gran medida del desempeño de terceros y que nuestro control sobre el proceso es limitado. En el caso de que nuestros responsables insistiesen en que estimásemos un dato numérico de cumplimiento de KPI que pudiese establecerse como objetivo de la campaña, podríamos hacerlo de diferentes maneras:

- Atendiendo a lo conseguido en campañas similares que hayamos desarrollado en el pasado.
- Atendiendo a la información que tenemos de lo conseguido por la competencia en una campaña reciente.
- Atendiendo a los datos habituales de los medios e *influencers* con los que vamos a trabajar.
- Siempre siendo conscientes de que existe un margen de error considerable.

Una vez que tenemos claro lo que será posible medir con las acciones concretas que vamos a realizar, hay que determinar cuáles de esos datos nos interesan. Es decir, hay que aprender a identificar qué KPI permiten medir cada tipo de objetivo cualitativo, dado que, si mi objetivo es potenciar las ventas, quizá no me interese focalizarme en el dato de interacciones o *engagement.* En este caso, deberé centrarme en las conversiones.

Para ello, partimos de los tres objetivos principales que trabaja generalmente la comunicación de marca/producto. A ese respecto, de una forma general, puede decirse que toda campaña persigue una de estas tres ambiciones generales:

1. Alcanzar a su audiencia ideal.
2. Enamorar a su audiencia ideal y atrapar su atención.
3. Movilizar a su audiencia ideal.

El objetivo de alcanzar a la audiencia se corresponde con encontrar a nuestro consumidor final y conseguir que nos vea, recordándole de una forma relativamente simple que seguimos ahí. Se encuadrarían aquí estrategias orientadas a ganar visibilidad, y a mantenerse en el *Top of Mind,* así como las estrategias que las empresas y marcas desarrollan para dar a conocer nuevos productos.

Las estrategias que buscan enamorar a su audiencia y atrapar su atención son aquellas en las que se busca una conexión emocional con el consumidor final. Este tipo de campañas tratan de convencer al consumidor de las bondades de la empresa, para lo cual resulta necesario que dicho consumidor nos preste su atención durante tanto tiempo como sea posible. Se encuadrarían aquí las campañas más emocionales, aquellas campañas que realizan las empresas de perfumes y fragancias cuando se acerca la Navidad o campañas sobre la ética empresarial, por nombrar algunos ejemplos. En resumen, aquellas campañas que trabajan sobre objetivos de imagen y deseabilidad.

Por último, las campañas que buscan movilizar a su audiencia ideal son aquellas en las que se busca una respuesta en forma de acción relativamente inmediata por parte de la audiencia. Son campañas que tratan de conseguir que la audiencia haga algo. Habitualmente, se orientan a que la audiencia compre un producto, a que se suscriba a un servicio, a que acuda a un evento, a que visite la tienda *online* o que realice cualquier otra acción que beneficie a la organización. Suelen ser campañas sencillas en cuanto a su creatividad, que buscan potenciar una respuesta inmediata indicándole de manera clara al consumidor lo que se espera de él. Por supuesto, se encuadran aquí las campañas orientadas a tratar de potenciar un aumento de las ventas.

Sea cual sea el objetivo de una campaña, y sin importar cómo de concreto y especializado sea el gol que se persigue, todas las campañas pueden encuadrarse a nivel general en una de dichas tres ambiciones, y resulta de suma importancia saber identificar correctamente en cuál, puesto que existen diferentes tipos de formatos de *marketing,* técnicas de relaciones públicas e, incluso, KPI que resultan ideales para cada una de esas tres funciones.

Saber identificar en cuál de las tres categorías se encuadra nuestra campaña facilitará la elección de los KPI, así como la concreción de las acciones que desarrollar para conseguirlos. No obstante, debe saberse que existen campañas complejas en las que pueden trabajarse las tres ambiciones. De hecho, no es extraño encontrar campañas que comienzan con una fase de alcance, pasan después a tratar de enamorar al consumidor y terminan rematando la jugada con acciones destinadas a potenciar la venta del producto. Este tipo de estrategias entienden que las tres ambiciones, desarrolladas en orden cronológico, suponen una multiplicación exponencial de los factores de éxito de la campaña. De tal manera que, si queremos vender, debemos recordarle primero a la audiencia que estamos ahí y por qué nuestro producto merece su dinero.

En los casos en los que se quiera llevar a cabo este tipo de campañas que combinan los tres objetivos generales, se recomienda trabajar cada objetivo en diferentes fechas y con diferentes acciones (cada una optimizada para su objetivo) y comenzar siempre por la fase de alcance. De manera extremadamente importante, se recomienda definir cuál de las tres ambiciones resulta prioritaria sobre las otras dos.

La definición del objetivo principal de la campaña en los términos generales de alcanzar, enamorar y movilizar tendrá un efecto directo sobre las acciones que deben realizarse, pues las acciones que buscan enamorar deben ser más complejas e inspiradoras en su creatividad, mientras que las que buscan alcanzar deben ser sencillas y rápidas de interpretar. Por su parte, las que buscan movilizar deben mostrar el producto que se pretende vender (o la acción que se debe realizar) y dónde puede encontrarse. En campañas de *marketing* digital, es importante también que las campañas orientadas a movilizar a la audiencia incluyan lo que se conoce como un CTA o *Call To Action*. Es decir, un tipo de botón clicable que le indica al usuario lo que se espera de él o de ella, ya sea que «Compre ya», que «Descubra más» o que «Siga leyendo».

Para no desviarnos demasiado del tema que aquí nos atañe, que es la definición de los distintos KPI de una campaña de relaciones públicas, debemos saber entonces que ciertas métricas aportan información sobre cada una de las tres ambiciones. Se muestran aquí los diferentes KPI ordenados de acuerdo con el tipo de información que aportan:

- KPI que resultan útiles para campañas de alcance: *clippings,* posts totales, audiencia potencial, impresiones y *reach.*
- KPI que resultan útiles para campañas que buscan enamorar a la audiencia: posts totales, *engagement* total y *engagement rate.*
- KPI que resultan útiles para campañas que tratan de movilizar: *backlinks,* clics, conversiones y *revenue.*

> **Para marcar los KPI que se trabajarán en una campaña y guiar la consecución de los objetivos, hay que plantearse:**
> 1. Qué puedo medir según la acción se dé en medios de comunicación o en las redes sociales de los *influencers* (en orgánico o en pago).
> 2. De lo que puedo medir, qué me interesa para el objetivo que estoy trabajando.

B. PÚBLICOS

A pesar de que en las relaciones públicas siempre nos dirigimos al intermediario como público de la acción, al planificar cada campaña es recomendable tener una visión de la audiencia a la que queremos que llegue la campaña. Esta es una tarea que no se realiza en la planificación anual, sino en la planificación de campañas, porque es posible que una misma empresa se dirija a distintos sectores de la audiencia con distintas campañas. Por ejemplo, una empresa de perfumes que saque a la venta en un mismo año fragancias masculinas y femeninas, o con diferencias sustanciales en sus precios, tratará de conseguir que cada segmento de la audiencia se vea impactado por la campaña pertinente.

Definir bien la audiencia a la que queremos que llegue la campaña nos ayudará a:
1. Concretar los públicos organizacionales a los que debemos involucrar en la campaña (medios, empresas e *influencers* concretos que tienen vía directa con ese consumidor).
2. Diseñar creativamente la campaña y su mensaje.

Para concretar los públicos organizacionales a los que se tratará de involucrar en la campaña, puede realizarse un perfil sociodemográfico de la audiencia a la que se busca alcanzar de manera indirecta (una segmentación del *target* objetivo de la campaña), de tal forma que, al concretar la audiencia a la que queremos llegar, sepamos elegir, dentro de la categoría de públicos *influencers,* cuál es el *influencer* concreto con el que debe trabajarse. Si mi audiencia ideal se compone de chicos jóvenes interesados en deporte, trataré de trabajar con Ibai, y, si mi audiencia se compone de chicos jóvenes interesados en música, quizá sea mejor trabajar con Jaime Altozano.

Para la determinación de un perfil sociodemográfico se trabaja partiendo del total de población existente en el mundo y se van añadiendo condiciones sociodemográficas (ubicación, edad, género, intereses, etc.) que van acotando grupos de población cada vez más pequeños, hasta que se consigue definir el grupo o segmento final de consumidores al que se dirige la campaña. Es, por lo tanto, una técnica que va de lo general a lo concreto y que se acerca de manera aséptica a la audiencia.

> **Por ejemplo:** nos dirigimos a una audiencia española, adulta, femenina, con nivel económico alto y estudios, de perfil refinado, interesada en arte, que lea a menudo y que escuche ópera o música clásica.

Por otra parte, para diseñar creativamente la campaña y su mensaje debe entenderse cómo funciona la mente del consumidor final, que recibirá nuestra campaña mediada por el medio de comunicación o el *influencer.* Para tratar de comprender a los consumidores que conforman nuestra audiencia final puede realizarse un *buyer persona.*

Al contrario que el perfil sociodemográfico, el *buyer persona* parte desde lo concreto, imaginando, de forma creativa y práctica, el perfil individualizado de un miembro de la audiencia y tratando de comprender las motivaciones que puede tener para querer nuestros productos, así como los frenos que le pueden impedir comprarlos. Contar con esta información nos sirve para diseñar una campaña que potencie dichas motivaciones y esquive o desmonte dichos frenos.

En ese sentido, el diseño de un *buyer persona* incluye información que el perfil sociodemográfico no puede llegar a aportar, especialmente en lo que se refiere a la psique del consumidor.

Ejemplo de *buyer persona* para una campaña que trata de potenciar la venta de un libro sobre feminismo:

Manuela Lerín (63 años)

1. Funcionaria, a punto de jubilarse.
2. Tiene bastante tiempo libre y poder adquisitivo medio-alto.
3. Le gusta reunirse con sus amigas y sentirse más joven, moderna y actual que ellas.
4. Ejerce un consumo que refleja ese objetivo de sentirse moderna y al día. También ejerce un consumo social. Busca poder compartir y recomendar libros y series a sus amigas y comentarlos juntas durante el café.
5. Su freno para comprar un libro de corte feminista es que le preocupa que sus amigas más tradicionales puedan juzgarla.

Aunque las relaciones públicas se relacionan de manera indirecta con el consumidor final y diseñan sus acciones tratando de convencer al intermediario para que transmita los mensajes organizacionales de la forma que nosotros queremos, debe considerarse siempre que, de manera final, el mensaje alcanzará al consumidor y cómo lo hará. No tener esto en cuenta puede tener consecuencias desastrosas, especialmente, cuando se mima «en exceso» al intermediario y eso termina generando un cierto rechazo o malestar en el consumidor final.

Esto ha sucedido en ocasiones en las que, con el objetivo de motivar que los *influencers* apoyen a una marca, el relaciones públicas los ha llevado a viajes de lujo o les ha regalado una colección de productos entera. Este tipo de acciones pierden de vista a la audiencia o el consumidor y cómo recibirá dicha acción.

Puede apreciarse de nuevo la complejidad de realizar con finura una campaña de relaciones públicas. Debemos mimar y convencer al intermediario, pero siempre siendo conscientes de que el objetivo final es conquistar a la audiencia. Puede concluirse que la realización del perfil sociodemográfico y el *buyer persona* son más que recomendables para el desarrollo de las campañas de relaciones públicas. El perfil sociodemográfico permitirá encontrar a la audiencia, comunicando a través de los intermediarios adecuados, y el *buyer persona* permitirá definir acciones que sean bien recibidas por la audiencia.

Una vez delimitada la audiencia a la que nos dirigimos de manera indirecta con la campaña, debemos concretar los públicos de relaciones públicas exactos con los que trabajaremos para alcanzar a esa parte de la opinión pública. Nuestra labor será desarrollar acciones que inciten o convenzan a estos públicos intermediarios para que nos apoyen y extiendan nuestro mensaje al usuario o consumidor final que hemos definido en el *buyer persona* y la segmentación.

En consecuencia, esta fase debe terminar con una definición concreta de los públicos de relaciones públicas con los que se trabajará la campaña, que vendrán identificados con nombre y apellidos. Es decir, una vez que sepamos quién es nuestra audiencia final, sabremos con una cierta certeza qué medios de comunicación, empresas e *influencers* concretos pueden alcanzarla y trasmitirle nuestro mensaje de una manera adecuada.

De forma natural, esto nos lleva al desarrollo de la siguiente fase de la planificación de la campaña, pues, al pensar en los públicos concretos con los que queremos trabajar, se nos comienzan a ocurrir ideas concretas sobre cómo trabajar con ellos.

4.2. Fase de diseño

La fase de diseño es aquella en la que la campaña empieza a tomar forma. Se definen aquí sus fechas exactas, los momentos de mayor importancia, las técnicas que se implementarán y los mensajes que se lanzarán. Es la última fase de planificación como tal que se realizará en la campaña y, por lo tanto, al final de esta fase la campaña debe quedar lista para implementarse.

Se ofrece aquí una guía para afrontar dicho trabajo, que comienza con una consideración de los tiempos de la campaña.

A. ESTRATEGIA Y TIEMPOS

En la planificación anual que realizamos al inicio del periodo de negocio se establecieron unas fechas aproximadas para la campaña, considerando las fechas de lanzamiento de los productos comunicados y los momentos tácticos, entre otras cuestiones. En la planificación de la campaña, esta información debe revisarse y concretarse. Se tomarán aquí las siguientes decisiones:

1. La duración de la campaña en días o semanas y las fechas exactas de comienzo y fin.
2. Si la campaña se lanzará a la vez, antes o después de que el producto salga a la venta.
3. Cuál es el punto clave o clímax de la campaña.

Dentro de ese trabajo, la parte más importante es definir qué momento de la campaña será el punto clave. Si el momento climático de la campaña será previo a la salida a la venta del producto, durante el día que el producto sale a la venta o después, cuando el producto ya ha salido a la venta.

Es importante comprender que en una misma campaña podemos trabajar los tres momentos, dos de ellos o solamente uno. En cualquier caso, cuando trabajemos más de un momento siempre debemos definir cuál es el clímax o punto más importante de la campaña. Es decir, dónde recae el peso de la campaña y cuál es el momento en el que debemos realizar un mayor esfuerzo de comunicación para maximizar nuestras posibilidades de éxito.

Pueden realizarse campañas en las que el momento más importante de la planificación sea previo a la salida a la venta del producto. Este tipo de campañas funcionan especialmente para productos que, de forma natural, son esperados y anticipados por los consumidores. Por ejemplo, el nuevo iPhone o la última película de los Vengadores. Desde las relaciones públicas podemos aprovechar el interés natural que la audiencia muestra por estos productos y potenciarlo todavía más. Esto sirve para transmitir la idea de que los productos de una marca son de una alta calidad y que merecen la atención del consumidor. Este tipo de campañas buscan aprovechar el *hype* para reforzar la imagen de la empresa y tratar de potenciar el *sold out* del producto el día que finalmente salga a la venta.

La principal paradoja que presenta este tipo de campañas es que se está comunicando un producto que no está todavía a la venta, por lo que estaremos convenciendo a consumidores de que adquieran algo que realmente no pueden conseguir. Esto puede ser una desventaja o una ventaja. Utilizar este tipo de estrategia para un producto muy esperado permite que la campaña genere un impacto brutal y que, una vez que el producto ha conseguido el *sold out,* podamos comunicar ese *sold out* y reforzar la imagen de la empresa y su deseabilidad. Si el producto no es especialmente conocido o esperado, comunicar su existencia antes de que pueda adquirirse solo nos llevará a desaprovechar oportunidades de venta. Para este segundo tipo de productos, puede optarse por realizar otro tipo de campañas.

El segundo tipo de campaña es aquella en la que el momento de mayor importancia es el de la salida a la venta del producto. Estas campañas son especialmente útiles para promocionar productos estacionales, es decir, aquellos que estarán a la venta, o de moda, durante un corto periodo de tiempo y, después, se retirarán del mercado, se agotarán o dejarán de ser relevantes.

Por ejemplo: productos de moda y tendencia de las cadenas de moda rápida o canciones pop que sobrevivirán únicamente un verano de popularidad.

En este caso, debe aprovecharse la correspondencia del producto con las tendencias del momento en el que se lanza, comunicándolo en el momento de su lanzamiento y siendo conscientes de que este producto ni era esperado ni tendrá un largo recorrido, por lo que debe aprovecharse al máximo su corto periodo de relevancia.

El hecho de que el momento de más importancia de la campaña sea el momento en el que se lanza el producto no quiere decir que no pueda lanzarse un pequeño *teaser* o realizarse una acción previa para anunciar que pronto saldrá a la venta un nuevo producto. También puede reforzarse la comunicación una vez que el producto ya está disponible, durante varias semanas. Adoptar este modelo de planificación únicamente implica que la mayor parte del esfuerzo se concentrará en el día o la semana del lanzamiento.

Por último, pueden realizarse campañas en las que la mayor parte del esfuerzo se concentra en un momento significativamente posterior a la salida a la venta del producto. En estas campañas se comunica un producto que ya está disponible para su compra desde hace algún tiempo o que está disponible siempre, por ser un producto clave de la empresa o un *carry over* (los *carry over* son productos que se mantienen a la venta durante varias temporadas, inalterados o con mínimas modificaciones). También pueden ser productos de primera necesidad o que el consumidor puede terminar necesitando adquirir de manera natural en un momento u otro. Por ejemplo, pasteles o automóviles de gama media.

Como se trata de productos que no generan un especial interés, no responden a una tendencia y no tienen fanes que los esperen con ansia, no tendría sentido comunicar estos productos antes de que pudiesen comprarse, ni aspirar a ponerlos de moda con un lanzamiento potente. Por el contrario, suele resultar más estratégico venderlos poco a poco en los entornos adecuados y estimular sus ventas de una manera más constante.

Por lo tanto, este tipo de campañas no se caracterizan únicamente por concentrar el mayor peso de la comunicación después de la salida a la venta del producto, sino que, habitualmente, se trata también de campañas de larga duración.

Así pues, resulta fundamental analizar las características del producto, servicio, innovación o noticia que se está comunicando en la campaña para poder definir las fechas concretas de la campaña, su duración y su momento de mayor importancia. Adicionalmente, si al realizar la planificación del año habíamos detectado que existía un *tactic moment* potente cercano al lanzamiento del producto, puede determinarse el punto climático de la campaña en relación con dicho *tactic moment,* en lugar de hacerse atendiendo a la naturaleza del producto. No en vano, cada campaña es diferente y ser un buen estratega supone saber ser flexible.

Alcanzado este punto, habremos definido los objetivos de la campaña, los públicos concretos a los que vamos a involucrar en ella y las fechas y los momentos clave. Con toda esta información, y una vez cubierto el diseño estratégico, podemos pasar a trazar el diseño conceptual de la campaña.

B. DISEÑO CONCEPTUAL

Al alcanzar la fase de diseño en la planificación de las relaciones públicas hay que plantearse el concepto creativo de la campaña, de la misma forma que sucede en la publicidad. Debemos planear cómo desarrollar las acciones para que transmitan un mensaje y representen de manera adecuada al producto y a la marca.

A la hora de diseñar el concepto creativo de una campaña de relaciones públicas debemos centrarnos en dos cuestiones:

1. Definir nuestro mensaje.
2. Intentar facilitar que se transmita ese mensaje a través de los intermediarios.

Así pues, se trata de planear acciones que permitan involucrar a los públicos intermediarios, convenciéndolos de que amplifiquen nuestro mensaje, y de diseñar dichas acciones creativa y estéticamente para que las publicaciones de los intermediarios recojan el mensaje que nos interesa transmitir y no otro (reducir el margen de error).

Definir el concepto creativo de la campaña es importantísimo por ese motivo. En ocasiones, un relaciones públicas puede verse arrastrado por el duro trabajo de convencer al intermediario para que publique contenido sobre la organización y terminar olvidándose de establecer qué es lo que quiere que este intermediario cuente. Por desgracia, esto sucede muy a menudo.

Cuando el relaciones públicas no define de manera clara el concepto creativo de la campaña, esta queda irremediablemente falta de autenticidad y, de manera más importante, al consumidor no le llega ningún mensaje, por lo que estamos tirando por tierra todo nuestro esfuerzo estratégico y de planificación.

Desde las relaciones públicas, es recomendable buscar una manera visual de transmitir el mensaje. Puesto que la comunicación va a ser mediada por un *influencer,* lo que nosotros creamos es lo único sobre lo que tenemos control. Nuestra creación debe transmitir el mensaje, independientemente de cómo lo enfoque el *influencer,* de la calidad de su grabación o de su interpretación personal. En ese sentido, la labor del intermediario debe ser únicamente la de retratar (fotografiar, grabar, retransmitir en directo) lo que nosotros le damos creado. Nuestro evento o envío, por ejemplo.

Se atiende aquí, como ejemplo, al caso de una marca de cremas cosméticas con precio elevado y perfil de lujo, que envió a diversas *influencers* un paquete con su crema. Dicho paquete era una caja de gran tamaño que, al abrirse, se transformaba en un tocador en el que sentarse a aplicarse la crema. El tocador reproducía música clásica, incluía una botella de champán y un albornoz de algodón de la mejor calidad y venía entregado por un camarero de hotel uniformado. Véase en este ejemplo que, aunque la *influencer* hubiese centrado su mensaje en los ingredientes del producto desde una perspectiva farmacológica o en cualquier otra cuestión, el mensaje sobre el lujo estaría inherentemente presente en la publicación, puesto que está representado visual y conceptualmente en el propio paquete que la marca envía, como elemento controlable y diseñado por ella. Naturalmente, para esto hay que tener muy claro cuál es el concepto de la campaña, su mensaje y su esencia. En el ejemplo de la crema, el lujo.

Por supuesto, puede darse también que queramos trabajar con un medio de comunicación o con un *influencer,* específicamente, por su visión creativa, en cuyo caso podemos involucrarlo en el proceso de diseño conceptual de la campaña e, incluso, confiárselo en su totalidad. No obstante, esto sucederá únicamente en un pequeño porcentaje de ocasiones, puesto que resulta difícil de gestionar y puede darse únicamente con intermediarios de una gran profesionalidad y afinidad con la marca.

C. TÉCNICAS Y TÁCTICAS

Como su propio nombre indica, en esta fase de la planificación definiremos las técnicas de relaciones públicas en las que se materializarán las campañas (en este manual se detallarán las diferentes técnicas que existen en los capítulos 5, 6 y 7). Es decir, concretaremos las acciones que van a realizarse en la campaña.

Si se recuerda, al trabajar la planificación anual se había definido para cada campaña una idea general de lo que iba a hacerse. Llegado el momento de planificar la campaña, bajaremos al detalle la idea general que habíamos definido.

Por ejemplo, si entonces dijimos: «Realizaremos un envío de producto a *influencers*», aquí concretaremos que: «Trabajaremos las principales *influencers* de moda del país. A todas ellas les enviaremos un paquete con el producto para que lo publiquen. A las más importantes les pagaremos para asegurar su publicación.

Posteriormente trabajaremos con la revista *Vogue* para que se haga eco de que todas las *influencers* están utilizando nuestro producto».

Puede apreciarse en este ejemplo que la campaña consiste en una acción principal, ya definida en la planificación anual, que es el envío del producto a *influencers*. Esa acción principal se aprovechará de distintas maneras, por ejemplo, involucrando después a un medio de comunicación que se haga eco. Este ejemplo nos permite apreciar que una buena campaña se compone siempre de una acción principal de la que se derivan acciones secundarias.

La acción principal es la acción más compleja, la de mayor interés o, simplemente, la primera en orden cronológico de todas las que se desarrollarán en la campaña. De cualquier forma, es una acción que, además de aportar resultados por sí misma, puede aprovecharse de diferentes maneras.

Resulta estratégico que, una vez pensada la acción principal, la coloquemos en el momento de mayor peso de la campaña, el cual habíamos definido anteriormente. Es decir, no solo debemos definir las técnicas de relaciones públicas que se implementarán en la campaña, sino que debe elegirse cuál de ellas es la principal, en qué momento se desarrollará y cómo se aprovechará con acciones secundarias.

Acción principal: evento para *influencers*.

Acciones secundarias: envío de una nota de prensa sobre el evento, publicaciones patrocinadas sobre el evento en las cuentas de Instagram de dos de los *influencers*, retransmisión del evento en directo en las redes sociales de un medio de comunicación.

Una vez definidas las técnicas de relaciones públicas que se utilizarán en la campaña, estas se recogen en un documento *one pager* de la campaña. Como su nombre indica, se trata de un documento de una única página que contiene toda la información de la estrategia de campaña, de manera que se vea la totalidad de la planificación en un vistazo.

El *one pager* debe mostrar claramente qué técnicas conforman la campaña, cuánto dura cada acción y cuál es el momento más importante de la campaña. Además, puede utilizarse un código de colores para identificar los diferentes públicos con lo que se trabaja dicha técnica (medios, *influencers* o empresas) y así detectar con facilidad si la campaña reposa más en *influencers,* en medios o en otras empresas y si está compensada o descompensada en cuanto a su involucración de los distintos públicos.

El correcto desarrollo del *one pager* es importante por diversos motivos. En primer lugar, al concentrar toda la campaña en una página, permite observar la totalidad de la estrategia en un solo vistazo. Como puede apreciarse, la creación de una campaña es compleja y cada paso que se toma en su diseño debe pensarse y reflexionarse, lo que hace que pueda resultar complejo mantener la perspectiva. En ese sentido, el *one pager* supone una herramienta de utilidad para mantener activa la visión estratégica, ya que permite poner en perspectiva la planificación creada.

En segundo lugar, como se indicaba anteriormente, el *one pager* debe mostrar con claridad cuál es el momento más importante de la campaña, pues este documento recoge todas las acciones que se desarrollarán en la campaña y, de forma lógica, en el momento de mayor importancia se concentrarán más acciones. Si al desarrollar el *one pager* detectamos que la mayor concentración de acciones se da en otro momento que no coincide con el que teóricamente debería ser nuestro momento de mayor esfuerzo, entonces la planificación creada para la campaña es imperfecta y debe revisarse para mejorarse.

En tercer y último lugar, tal como se indicaba hace unas líneas, las acciones tienen asignadas un color diferente según se realicen con un público o con otro. Debe comprobarse que el color que predomina en el *one pager* se corresponde con el del público que se había definido como el más importante para esa campaña cuando se planteó el mapa de públicos de la planificación anual. De manera contraria, es posible que hayamos perdido el foco en algún momento de la planificación y debamos reflexionar sobre las decisiones tomadas.

Así pues, el *one pager* recoge toda la planificación de la campaña. De compartirlo con nuestro responsable, será capaz de entender lo que va a hacerse de manera rápida.

En el siguiente ejemplo de *one pager,* puede apreciarse que el relaciones públicas ha preparado una campaña para el lanzamiento de una nueva película. La campaña que propone trabaja los tres momentos –antes, durante y después del estreno–, de los cuales el día del lanzamiento es el de mayor importancia y los medios de comunicación, el público más importante.

Ejemplo de *one pager* de campaña

PREVIO 1-6 noviembre	DURANTE 7 noviembre: lanzamiento	POST 8-14 noviembre
1 nov. – presentación en exclusiva en la web de *Fotogramas* 6 nov. – post de Instagram y Twitter de los actores protagonistas	7 nov. – fotos y nota de prensa fiesta lanzamiento 7 nov. – nota de prensa del estreno de la película Publicaciones pactadas en las RR. SS. de la revista *Fotogramas* Publicaciones de *influencers* de nivel 1 y 2 sobre la fiesta 7 nov. – publi de Vodafone que nos menciona Publicaciones de *influencers* de nivel 1, 2 y 3 sobre la película	9 nov. – crítica/reportaje de la película en *Fotogramas* 10 nov. – envío de *merchandising* de la peli a *influencers* 14 nov. – entrevista al director en Buenafuente sobre el éxito de la película

Dado que el *one pager* recoge toda la información de la estrategia de la campaña, en el momento en el que se cuenta con un *one pager* definitivo –analizado y ajustado para la mayor efectividad– puede ejecutarse la campaña.

4.3. Fase de acción

La fase de acción llega cuando se alcanza temporalmente el momento en el que comienza la campaña. En el caso de la planificación mostrada en el ejemplo de *one pager,* al alcanzarse el 1 de noviembre. Así pues, en esta fase pasamos a la acción, controlamos la logística de la campaña y nos relacionamos con nuestros públicos, representando a la empresa y personificando sus mensajes.

En la fase de acción es donde desarrollamos la mayor parte del trabajo práctico y donde nos lo jugamos todo. En ella, el talento natural del relaciones públicas y sus habilidades comunicativas se vuelven cruciales. Dicho talento natural puede tenerse en una mayor o menor medida, pero, de cualquier manera, debe realizarse un esfuerzo estratégico por mantener una correcta organización, mientras se mantiene una actitud amigable y se está presente. En ese sentido, es interesante que los relaciones públicas se formen en protocolo y aprendan a ser buenos anfitriones para cualquier tipo de invitado. Una vez que sabemos esto, también es importante aprender a «tirarlo por la ventana», ser naturales y tratar de adaptarnos a cada situación, disfrutándola y sin resultar demasiado «calculados». Las personas conectan con otras personas. Seamos humanos.

A. IMPLEMENTACIÓN

Si todo esto se vuelve demasiado complejo de manejar, no existen motivos por los que no contar con una agencia que nos apoye en la implementación de las campañas, especialmente cuando las acciones planificadas requieren de una gran producción o incluyen la organización de un evento. De hecho, se proponen a continuación algunos consejos para manejar de manera satisfactoria la fase de implementación y el primero es, justamente, ese mismo.

Durante la fase de implementación de la campaña, resulta recomendable contar con una agencia de producción para que esté pendiente de la ejecución de las acciones de mayor complejidad. Si hemos pensado la idea de la campaña por nosotros mismos y lo único que necesitamos de la agencia es que nos ayude a implementarla, entonces es recomendable elegir una agencia asentada y de confianza, dado que lo que necesitamos de ellos es que aporten su experiencia y su eficacia, no su creatividad.

Se cuente o no con una agencia, es recomendable que haya varias personas encargadas de implementar la campaña y que todas ellas formen parte de un equipo bien organizado. Una persona sola difícilmente será capaz de hacerse cargo de todo lo que implica la puesta en marcha de una campaña.

Así pues, el segundo consejo para la implementación de las campañas es la organización de un equipo de trabajo y la división de las tareas entre sus miembros. Las tareas que deberán realizarse dependerán de cada campaña y las técnicas que se hayan planeado. Pero, a modo general, pueden acotarse tres tareas que deberán repartirse entre los miembros del equipo:

1. Supervisar o ejecutar la creación de contenido: hacer fotografías o estar pendiente del fotógrafo, seleccionar las mejores fotos, enviar la nota de prensa, realizar el seguimiento de las publicaciones de los *influencers* y medios en tiempo real, guardar capturas de pantalla del contenido efímero y otras tareas del estilo.

2. Organización logística y gestión práctica de las acciones: enviar los paquetes a los *influencers,* controlar dónde están los productos y si se reciben correctamente, revisar cómo va evolucionando el aforo del evento, comprobar si está todo bien desde el punto de vista de prevención de riesgos, asegurar que se cuenta con los derechos de imagen de los implicados y que podemos sacar las fotografías, coordinar el *catering,* organizar los horarios de llegada de los medios de comunicación e *influencers* y otras tareas de organización.

3. Atención a los invitados y representación de la organización: esta tarea normalmente recae sobre la persona o personas de más rango y consiste en representar el papel de anfitrión. En un evento, por ejemplo, su función consiste en asegurar

que nadie está solo y que todo el mundo está a gusto. Esta persona debe tratar también, sutilmente, de guiar a los invitados para que publiquen sus contenidos o cumplan con la acción que se espera de ellos. En ese sentido, resulta fundamental que desde el departamento de relaciones públicas se dé prioridad a la experiencia de marca que vive el invitado. Si la acción no incluye un evento, aun así debe haber una persona encargada de mantener la relación con el *influencer* o el medio de comunicación. Como mínimo, su labor consistirá en cerrar cada acción enviando un mensaje a los públicos que han estado involucrados en ella para consultar su nivel de satisfacción: si les ha gustado el producto que han recibido, si les sirve y les sienta bien, por ejemplo.

Por supuesto, para que todo esto pueda salir bien es imperativo mantener una buena organización. Un día o dos antes de que comience la campaña, debe realizarse una reunión de equipo en la que se repase todo el plan, entrando al detalle de todo lo que debe realizarse y asignando las personas que se encargarán de cada parte. Debe realizarse esta reunión en persona y durante todo el tiempo que se requiera, sin prisas, para asegurar que no quedan cuestiones pendientes de asignar o planificar y que todos los miembros del equipo tienen claro lo que se espera de ellos y cuál es su rol.

Téngase en cuenta que, una vez que empiece la campaña, todos los implicados estarán lidiando con una importante carga de trabajo y que resolver problemas será complejo en esa situación. Es mejor anticiparse y dedicar tiempo a organizarse que tener que estar solucionando imprevistos en el momento de la implementación de la campaña.

4.4. Fase de evaluación

Tal como se indicaba en apartados anteriores al explicar la importancia de los KPI, al finalizar la fase de acción, con las acciones ya ejecutadas, debemos evaluar el éxito de la campaña y los resultados obtenidos. Dicha tarea comprende una medición de nuestro desempeño, la evaluación cualitativa de los resultados y el reporte de lo conseguido.

A. MEDICIÓN

La medición es el ejercicio que llevamos a cabo para saber nosotros, de forma interna, cómo ha salido o está saliendo una campaña, atendiendo a los datos. Supone la obtención, recopilación, repaso y puesta en relación de los datos e información cuantitativa relativos a la campaña con el objetivo de obtener conclusiones que permitan evaluar (medir) el éxito de la campaña.

Estos datos se corresponden con los resultados numéricos obtenidos con respecto a los KPI que habíamos marcado como importantes al inicio de la campaña. Por ejemplo, el número de *clippings,* el *reach,* el *engagement rate,* los clics o el total de posts que hemos generado.

Estos datos pueden obtenerse a través de un seguimiento manual o con la ayuda de una agencia de medios como Carat o Kantar. Ya sea con ellos o de manera independiente, es recomendable medir nuestro desempeño al final de la campaña y almacenar los datos en algún tipo de documento.

Puede crearse un documento específico de la manera que cada relaciones públicas prefiera, o puede acudirse, directamente, al documento de *benchmarking* para completar ya sobre ese archivo anual los datos de esta campaña. En este manual recomendamos optar por la segunda opción, porque al acudir al documento anual podremos ver fácilmente cómo ha contribuido la campaña a los objetivos empresariales. Además, ahorraremos tiempo, puesto que evitaremos tener que completar todo el documento cuando llegue el final del periodo de negocio.

Por último, además de realizar esta medición y el almacenamiento de los datos cuando termina la campaña, para campañas largas resulta recomendable medir los datos una vez durante la campaña. Medir los datos, al menos una vez, mientras la campaña todavía está ejecutándose sirve para detectar sus errores y aciertos a tiempo. Esto permitirá tomar decisiones *in situ* para aprovechar los aciertos al máximo y corregir los posibles fallos a tiempo, antes de que la suerte esté echada.

B. EVALUACIÓN

Como relaciones públicas, en esta fase lo más importante es aprender a filtrar e interpretar los datos de forma lógica para obtener información de utilidad y conclusiones complejas que permitan evaluar cualitativamente la campaña. Esto se realiza poniendo los datos en contexto y tratando de aportarles una explicación.

Además de realizar una evaluación valorando e interpretando los datos numéricos, se pueden evaluar las campañas de manera cualitativa. Para esto basta con realizar una reunión con el equipo que estuvo implicado en la campaña y compartir opiniones. Una manera de evitar que estas reuniones se vuelvan excesivamente largas o que se pierda el foco es organizarlas aplicando el método KISS.

El método KISS consiste en evaluar las campañas atendiendo a aquello que creemos que debemos mantener, mejorar, empezar a hacer o dejar de hacer en futuras campañas basándonos en la experiencia de la campaña actual.

> **El método KISS consiste en evaluar lo que ha salido bien y lo que debe mejorarse, siguiendo este esquema:**
> *Keep* (mantener en futuras campañas)
> *Improve* (mejorar en futuras campañas)
> *Start* (empezar a hacer en futuras campañas)
> *Stop* (dejar de hacer en futuras campañas)

El objetivo de la fase de evaluación no es castigarse por los fracasos o endiosarse por los éxitos; es aprender de la experiencia, manteniendo una aspiración a la mejora constante. Por lo tanto, la fase de evaluación no debe ser una caza de brujas, a pesar de que en ocasiones pueda llegar a detectarse que todos los errores coinciden con las tareas que tenía asignadas una persona o agencia, algo que, por desgracia, sucede. En esos casos, cada equipo deberá evaluar cómo proceder.

C. REPORTE

Una vez medidos los resultados y evaluado el éxito general de la campaña, es importante que el resto de los equipos y departamentos con los que colaboramos, así como nuestros *managers* y aquellos que se puedan ver afectados por nuestro desempeño estén informados.

Con este propósito suele crearse un documento breve orientado a destacar los hitos de la campaña. Es el *recap* de campaña. En él se incluyen los datos obtenidos para los principales KPI de cada campaña, así como imágenes de los eventos, apariciones en medios o publicaciones de los *influencers.* Su realización y forma física es similar a la del reporte anual, pero, en este caso, con contenido y datos de una única campaña. Por lo tanto, este también debe ser un documento breve, visual y fácil de entender.

La realización de este documento da visibilidad a nuestro trabajo dentro de la empresa, permite que otros perciban el esfuerzo invertido y que sepan que el departamento de relaciones públicas funciona y es útil. De alguna forma, justifica la inversión que la empresa hace en nosotros y en nuestras campañas. Su realización le dice a la empresa «esto es lo que he hecho con el dinero que me has dado». En ese sentido, saber que al finalizar la campaña tendremos que reportar lo conseguido puede servir de motivación para que los miembros del equipo den lo mejor de sí mismos.

La creación del documento de *recap* de campaña es el paso que da cierre a todo el proceso. Por lo tanto, alcanzado este punto, nuestro trabajo estaría hecho, al menos, por esta vez y hasta que llegue el momento de implementar nuestra siguiente campaña.

El trabajo con los medios de comunicación

Lo siguiente que se expondrá será la información relativa a cómo implementar las distintas técnicas de relaciones públicas y su valor estratégico. De tal forma, se procede con un capítulo que congrega las diferentes técnicas de trabajo que existen para relacionarse estratégicamente con los medios de comunicación, exponiendo cómo debe implementarse cada técnica.

Se abordarán técnicas digitales y tradicionales (u *offline*) por igual. Las técnicas que se presentarán son: los eventos y *showrooms* de prensa, las notas de prensa, los comunicados de prensa, las ruedas de prensa, los *shoppings* y los *partner programs.* Por último, se presentará una pequeña reflexión sobre cómo cambian las relaciones medio-empresa en el entorno digital.

5.1. Eventos y *showrooms* de prensa

Los eventos de prensa son acciones que organizamos para reunirnos en persona con los periodistas. Son útiles para conocerlos y que nos conozcan de forma personal, para entablar amistad y relación, que interactúen con la marca, conseguir que la conozcan y que les guste, posicionarlos favorablemente hacia nuestra marca, que obtengan información sobre nuestros productos y, a poder ser, que los vean en persona y los prueben.

Por lo tanto, el objetivo que persiguen es doble. Por una parte, suponen una excusa para encontrarnos cara a cara con los periodistas y, por la otra, aspiran a que el producto conquiste al periodista para que lo mencione en su medio de comunicación.

Para abordar estos dos objetivos deben realizarse dos tareas: crear una experiencia de marca significativa y aportar a través de ella tanta información como sea posible sobre nuestros productos.

Al afirmar que se debe crear una experiencia de marca significativa lo que se quiere decir es que el evento debe suponer una experiencia lo suficientemente divertida, personal, inolvidable o interesante para que el periodista (que está acostumbrado a acudir a eventos) tenga ganas de asistir y para que, una vez allí, mantenga la atención y se sienta motivado para publicar algo. Así pues, asegurar que el evento es interesante reforzará la capacidad de convocatoria y aumentará las posibilidades de aparecer en medios ganados.

Una vez diseñada y cuidada la parte experiencial de nuestra reunión con los periodistas, debemos focalizarnos en el segundo objetivo: aportar tanta información como sea posible sobre nuestros productos.

En ese sentido, es recomendable priorizar que la experiencia de marca suponga una interacción cara a cara con el producto y, si es posible, intentaremos que el periodista pruebe el producto *in situ,* puesto que la interacción supone una fuente de inspiración e información para el periodista.

> **Lo ideal es planificar nuestro evento de una manera que conjugue los dos objetivos, diseñando la experiencia de marca desde nuestro propio producto. Véanse aquí algunos ejemplos sobre cómo podría conseguirse:**
>
> - «Conduce nuestro nuevo coche en un circuito de Fórmula 1».
> - «Prueba nuestros nuevos geles de ducha en un spa».
> - «Prueba nuestro nuevo vino en un restaurante de estrella Michelin o en un viaje a una bodega».
> - «Disfruta de nuestra nueva película en el estreno mundial, con los actores protagonistas sentados a escasos metros de ti».

Por otra parte, es posible que, al leer estas sugerencias, nos parezcan inalcanzables para las empresas más pequeñas o con menor presupuesto. Lo cierto es que los eventos de prensa son jornadas que nos permiten conjugar en una misma acción la experiencia de marca y la divulgación de información, reduciendo costes y esfuerzos, cuando se planea una campaña importante o especialmente ambiciosa. Sin embargo, el beneficio que se genera es cualitativo y difícil de medir. Por lo que en ocasiones resulta difícil justificar el gasto, incluso en empresas grandes.

De cualquier manera, aquellas personas que buscan divulgar sobre una pequeña empresa no deben desmotivarse, pues existen decisiones creativas que pueden tomarse para reducir los gastos sin mermar el impacto. Es cuestión de darles vueltas a las ideas hasta que demos con la fórmula ideal para nuestra empresa.

La última consideración que debe hacerse sobre los eventos para medios de comunicación es la importancia fundamental de entregar siempre algún tipo de documento que recoja por escrito la información más relevante que hemos transmitido en el evento. Este documento puede ser un *lookbook* de la colección, un dosier de prensa o un catálogo de productos u otro documento físico u *online* del que dispongamos. Lo importante es que el periodista tenga un documento que refleje los detalles más difíciles de recordar, como el precio, la fecha de salida a la venta del producto, los materiales y otros detalles de relevancia.

Nada sería peor que haber invertido una cantidad considerable de esfuerzo y presupuesto en convencer y deleitar a los periodistas solo para que al ponerse a escribir se den cuenta de que no recuerdan los detalles del producto. Entregarles un breve documento maximizará las posibilidades de que no solo escriban un texto sobre nuestro producto, sino de que el texto sea de calidad.

Una vez discutida la naturaleza de los eventos para medios de comunicación, puede profundizarse en el *showroom* de prensa, el tipo más común de evento de prensa. Este tipo de eventos también se conoce como jornada de prensa, en castellano, y supone una reunión que organizamos a lo largo de uno o dos días, durante los que recibimos a representantes de los principales medios de comunicación de nuestro sector y les mostramos nuestros productos.

Habitualmente, se realiza en un espacio propio o alquilado por la marca en el que contamos con el total (o con una muestra representativa) de los productos más importantes de la colección, expuestos para que puedan observarse, de la misma manera que podrían verse en una tienda de alto nivel.

Cuando los periodistas acuden al *showroom* o jornada de prensa, podemos dejarles probar los productos y es recomendable que, al final, se marchen con una pequeña bolsa o paquete en la que les entreguemos una muestra, un regalo y un documento con la información más relevante, para que puedan trabajar el texto de su futuro editorial, artículo o publicación.

A pesar de la excelente oportunidad que suponen para reunirse con los periodistas en persona, lo cierto es que, en la realidad, los *showrooms,* por sí mismos, no constituyen una experiencia de marca lo suficientemente atractiva para el periodista actual.

Al tratar de convocar un *showroom* podemos encontrarnos con que los periodistas están demasiado ocupados o que la acción no les resulta necesaria. En ese sentido, son los medios especializados en moda los que, por su naturaleza, suelen necesitar conocer las colecciones de las principales marcas del sector textil y los que más dispuestos están a asistir a eventos de este tipo. No obstante, si la colección está publicada en nuestra página web, es posible que prefieran consultarla ahí directamente, para no tener que desplazar a un periodista.

Puesto que a nosotros, como marca, nos interesa establecer relación con el periodista, es recomendable desarrollar los *showrooms* con antelación al lanzamiento oficial de las prendas o productos, para que nuestra jornada de prensa suponga una oportunidad exclusiva de conocer los productos con antelación, algo que los medios impresos suelen agradecer, pues trabajan en sus publicaciones con semanas o incluso meses de antelación.

Por último, y en relación con la planificación de las campañas de relaciones públicas, cabe apuntar que, por su naturaleza compleja, los eventos, *showrooms* y otras acciones que permiten reunirse en persona con la prensa pueden funcionar bien como acción principal de una campaña. Tómense como ejemplo los estrenos cinematográficos o los desfiles de moda, que son, esencialmente, eventos de relaciones públicas, diseñados para atraer a la prensa y a las personalidades de influencia a un espacio en el que se les mostrará el producto con el ánimo de que puedan reseñarlo.

Cuando los eventos de prensa, en sus formatos más tradicionales, se vuelven insuficientes como reclamo para atraer al periodista, existen otras fórmulas que implican reunirse en persona con periodistas y que pueden aplicarse. Por ejemplo:

- Invitar a periodistas a eventos abiertos al consumidor que resulten interesantes por su tamaño, afluencia o atracciones.

- Organizar sesiones y entrevistas privadas con nuestros embajadores de marca, especialmente si estos tienen un contacto poco habitual con los medios y no suelen dar entrevistas.

- Ofrecerles sesiones en exclusiva, con contenido que no proporcionaremos a otros medios.

- Aprovechar eventos poco accesibles y llevar a la prensa con invitación, en el caso de que la tengamos.

- Apoyar con nuestro patrocinio los eventos que ellos mismos organizan.

- Diseñar fórmulas creativas que les permitan nutrir de contenido de interés sus canales de redes sociales, los cuales, en ocasiones, resulta difícil mantener nutridos con un constante influjo de contenido interesante y de calidad.

5.2. Notas de prensa

Las notas de prensa son documentos informativos que redactamos y enviamos a los medios cuando sucede algo que queremos convertir en noticia. Su contenido suele ser de carácter positivo, en el sentido de que suelen versar acerca de algo que enorgullece a la organización y de lo que quiere que todo el mundo se entere.

Su envío suele ser inmediato con respecto al acontecimiento que se está comunicando, dado que la actualidad es uno de los criterios que los periodistas que recibirán la nota utilizarán para juzgar si esta resulta noticiable. Sin embargo, en ocasiones, puede resultar difícil para un relaciones públicas distinguir entre una acción que es verdaderamente noticiable y una que solo se lo parece por el esfuerzo que ha invertido en realizarla.

Algunas marcas envían notas de prensa únicamente de manera ocasional, cuando realizan alguna otra acción promocional u empresarial de importancia estratégica, y otras marcas envían una nota de prensa cada vez que planean el lanzamiento de un nuevo producto.

Es trabajo de los periodistas y redactores consultar las notas de prensa recibidas, revisarlas y realizar un filtrado en el que se evalúe cuáles pueden dar lugar a un contenido interesante para sus audiencias y cuáles resulta estratégico publicar porque el medio aspira a mantener una buena relación con la organización. No obstante, desde la perspectiva del trabajador de las relaciones públicas es importante encontrar el punto justo entre comunicar efectivamente las novedades de nuestra empresa y convertirse en una *newsletter* quincenal o, peor aún, en *spam.*

Muchas organizaciones envían notas de prensa por inercia, cuando existe algo que desean comunicar. Esto sucede porque la nota de prensa supone la forma más sencilla, barata y común de buscar un apoyo por parte de los medios de comunicación. Su desarrollo consiste en la redacción de un breve texto, acompañado de imágenes, que se enviará por correo electrónico a un listado de medios de comunicación. Si se cuenta previamente con dicho listado de medios y sus direcciones de contacto, producir una nota de prensa apenas consume más recursos que una hora del tiempo de trabajo de quien la realiza.

Sin embargo, cabe apostillar que la nota de prensa también presenta algunas desventajas. En primer lugar, hay que ser consciente de que enviar una nota a los medios de comunicación no garantiza que estos vayan a publicar su contenido. De hecho, en la mayor parte de los casos el medio no encuentra beneficio alguno al publicar el contenido de una nota de prensa. Quizá en momentos de tranquilidad en los que hay pocas noticias puede venirles bien contar con un contenido de marca que los ayude a llenar páginas o minutos, pero no debe darse por hecho. Por lo tanto, a pesar de sus ventajas, podría decirse que la nota de prensa es la forma menos segura y de menor valor de trabajar las relaciones públicas.

Así pues, desde el punto de vista de la planificación de las relaciones públicas lo más importante es saber que la nota de prensa nunca debe constituir la acción principal de una campaña. Esta técnica sirve mejor a su propósito cuando se utiliza como técnica secundaria, para dar más calado a una acción principal como un evento u otro tipo de acción noticiable. Cabría debatir también que proponer una nota de prensa como parte principal o única de una campaña de relaciones públicas puede proyectar una imagen de holgazanería o dejadez por parte del relaciones públicas hacia sus responsables. Esta técnica no resulta novedosa ni emocionante y tampoco permite establecer relaciones de valor con los periodistas, dado que apenas requiere una interacción entre ambos.

Adicionalmente, puesto que el resultado no está asegurado, la nota de prensa se envía a tantos periodistas y medios de comunicación como resulte posible, siempre que cumplan con un mínimo criterio de afinidad con la organización y sus valores. En ese sentido, al enviar notas de prensa hay que tratar con cuidado la privacidad de los periodistas y utilizar siempre la función de copia oculta del correo electrónico.

Es un error habitual entre los relaciones públicas novatos añadir los correos de todos los periodistas de forma visible entre los destinatarios de un correo de nota de prensa. A pesar de que es un error común y que se produce sin maldad, este fallo puede desencadenar un grave problema legal. No podemos facilitarle a un medio de comunicación los contactos de los periodistas de otros medios, ni al revés. Imagínese por un momento que alguien se guardase estratégicamente dichos contactos y los utilizase para su beneficio personal, en cualquier manera o modalidad, por ejemplo, tras ser despedido de un medio por malas prácticas o para tratar de promocionar un negocio personal o de colocar a un amigo o familiar en la redacción de un medio.

Para la propia organización, no resulta inteligente, tampoco, que los periodistas que reciben la nota de prensa sepan a qué otros medios se la hemos enviado. De tal manera que el pequeño detalle de enviar la nota de prensa colocando a los periodistas que la reciben en copia oculta es más importante de lo que parece.

En relación con esto, es interesante apuntar también que no existe una única manera de enviar las notas de prensa, pues algunos profesionales escriben el contenido directamente sobre el cuerpo del email y otros lo envían como documento adjunto. Ambas opciones son igualmente válidas; lo que resulta importante es que lo enviado pueda reconocerse con facilidad como una nota de prensa.

Para esto, el contenido de la nota de prensa debe ajustarse a una estructura básica a la que los periodistas se encuentren acostumbrados. Como su objetivo es convertir algo en noticia, las notas de prensa, habitualmente, tienen una apariencia similar a la de una noticia, con titular, entradilla, cuerpo e imágenes.

Además, una nota de prensa suele incluir también:

- Lugar y fecha en la que se ha redactado.

- El logo de la marca, en la cabecera del documento o *e-mail,* para que se reconozca fácilmente al remitente.

- El nombre, teléfono y correo de una persona del departamento de relaciones públicas, para que el periodista sepa a quién contactar si requiere más información.

- Un apartado con información adicional sobre el producto que se está promocionando, como, por ejemplo, su precio, fechas de lanzamiento, fechas de embargo y puntos de venta.

- Perfiles de los *talents* que han estado involucrados en el desarrollo del evento o producto, especialmente si se trata de artistas o famosos.

Por último, es cada vez más habitual que las notas de prensa incluyan enlaces a la página web de las organizaciones, para intentar que los medios de comunicación los repliquen en sus publicaciones y potenciar el posicionamiento SEO de la web corporativa.

Las notas de prensa y el SEO

De manera muy sencilla, puede decirse que Google busca ser de utilidad para sus usuarios y que su principal objetivo es que cuando alguien busca algo lo encuentre con facilidad porque Google ha organizado la información que existe en internet sobre ese tema de manera eficiente. Si un usuario busca pantalones vaqueros en Google, el buscador le mostrará los resultados de las mejores páginas que tienen publicados contenidos relativos a pantalones vaqueros.

Por lo tanto, si una organización busca que Google muestre su página en las primeras posiciones, necesita convencer a Google de que su página es buena e informarle de su temática.

Para trabajar la parte sobre la temática, la organización debe definir cuáles son sus *key words* o las palabras clave que definen su actividad. Esta es una tarea compleja que debe abordarse pensando en cómo los usuarios pueden buscarnos en internet y cuáles son las tendencias de búsqueda, entre otras variables.

Para trabajar la primera parte, relativa a la relevancia y calidad de la página web, la organización necesita demostrarle a Google que su web es relevante. Esta es también una tarea compleja, pues implica nutrir la web de contenidos de calidad, demostrar que muchos usuarios la visitan y que otras páginas la recomiendan.

Así pues, para posicionar bien la página web en Google necesitamos que otras webs bien posicionadas y populares –como las de los medios de comunicación– nos recomienden de forma orgánica y natural y utilizando nuestras palabras clave. El departamento de relaciones públicas puede contribuir de diferentes maneras a este objetivo, por ejemplo, utilizando las notas de prensa para incluir enlaces a la web corporativa.

El objetivo, en este caso, sería que el medio de comunicación no solamente publique el contenido de la nota de prensa, sino que replique e incluya los enlaces. Volviendo por un momento a la parte del manual en la que mencionábamos los diferentes KPI que servían para medir cada acción, puede recordarse que a estos enlaces que los medios de comunicación colocan enlazando con nuestra web se los conoce como *backlinks.*

En ocasiones, Google ha valorado positivamente la existencia de estos *backlinks* al evaluar una página web y, en otras ocasiones, los ha penalizado por parecerle poco genuinos. Una de las dificultades del trabajo de SEO es que los criterios que Google utiliza para valorar una página web cambian constantemente. Cuando los expertos en SEO se acostumbran a una manera de trabajar y encuentran «la trampa», Google se actualiza.

Así pues, para poder contribuir correctamente a un mejor posicionamiento SEO de la web empresarial, desde el departamento de relaciones públicas debemos colaborar estrechamente con nuestro equipo de *e-commerce.* Ellos nos mantendrán actualizados sobre los criterios actuales, nos informarán de las necesidades, de las palabras clave o *key words* que debemos tratar de asociar a la marca y, en general, nos ayudarán a ayudarlos.

Esta labor de coordinación es especialmente importante porque, aunque no esté entre nuestros objetivos contribuir a la mejora del posicionamiento SEO de la web, como mínimo, deberíamos asegurar que no estorbamos. Si, además, aprovechamos los contactos estratégicos que hemos establecido con medios de comunicación para ayudar a la empresa con esta compleja tarea, mejor.

5.3. Comunicados de prensa

Los comunicados de prensa son documentos explicativos que redactamos y enviamos a los medios cuando sucede algo que nos afecta, habitualmente de forma negativa. Así pues, la principal diferencia entre la nota de prensa y el comunicado de prensa radica en que la nota de prensa sirve para que la marca trate proactivamente de convertir algo en noticia, mientras que el comunicado de prensa se emite cuando existe una información naturalmente noticiable que afecta a la marca y sobre la que esta quiere comentar, explicando su postura.

Si con las notas de prensa pretendemos crear una noticia actuando como emisor, en el caso de los comunicados de prensa se trata de noticias que ya existen o que pueden salir a relucir en un futuro próximo. La función del departamento de relaciones públicas es la de valorar si debe darse respuesta a esa información y, en el caso de que se decida que sí, trabajar en el contenido y enfoque de dicha respuesta.

Puede crearse un comunicado de prensa para:
- Responder a informaciones negativas, acusaciones, críticas o crisis de imagen de marca.

Pero también para:
- Aportar perspectiva acerca de cambios en nuestra organización.
- Apoyar una causa o definir nuestra posición empresarial respecto a un tema de actualidad social o política, especialmente si este afecta a o se relaciona con la actividad de la empresa.

Cabe matizar que los comunicados de prensa no se emiten únicamente cuando se detectan amenazas para la imagen de marca o cuando sucede algo negativo. Pueden crearse para dar respuesta a cualquier tipo de situación que afecte de manera directa o indirecta a la organización. No obstante, es cierto que el comunicado de prensa es una herramienta utilizada con gran asiduidad para tratar de paliar el impacto de informaciones negativas. En dicho sentido, los comunicados de prensa son nuestra primera y principal herramienta de respuesta ante posibles crisis.

Cuando se trabaje un comunicado de prensa con el objetivo de aportar respuesta a una información que nos afecta negativamente y que puede desencadenar una crisis de imagen, el texto del comunicado debe diseñarse:

- Con calma.
- Tras darse en la empresa un proceso de reflexión.
- Como consecuencia de una toma de decisiones.

- En colaboración con nuestros altos cargos, que nos informarán sobre movimientos futuros y nos confirmarán si pueden anunciarse cambios o no.
- Con sinceridad.
- Con precisión y una postura clara.
- Con humildad, incluso cuando nos sintamos injustamente acusados.

En su redacción, la situación que se está tratando debe explicarse al detalle y desde nuestra perspectiva, para que el periodista y, posteriormente, la opinión pública comprendan la actuación de la empresa. De tal manera, el mejor escenario es que ambos terminen pensando que la forma en la que actuó nuestra organización era la única manera lógica de actuar ante la situación.

En ese sentido, es importante afrontar la redacción del comunicado con calma y sinceridad, explicando cómo sucedió todo paso a paso. Se entiende aquí que si la organización tomó una cierta decisión es porque consideró que era la mejor decisión que podía tomarse en la situación dada. A veces, las organizaciones tienen reticencias a explicar con detalle sus procesos internos, sin embargo, esto puede servir para aportar contexto y permitir que la audiencia entienda mejor la postura corporativa. Por supuesto, también existen ocasiones en las que los procesos internos no pueden describirse porque existen acuerdos de confidencialidad previamente establecidos entre la organización y un tercero afectado por la situación que se está discutiendo en el comunicado. En estos casos, el respeto a la confidencialidad debe prevalecer.

En cuanto a la estructura que debe dársele al contenido, puede ajustarse a lo siguiente:

1. Fecha, hora y lugar.
2. Presentación que indique que el texto lo remite la propia empresa.

3. Breve resumen del motivo por el que escribimos este comunicado.
4. Resumen de la perspectiva empresarial, con muestras de humildad.
5. Información aclaratoria detallada.
6. Agradecimientos por la atención y peticiones de respeto o tiempo para actuar.

Puesto que la finalidad del comunicado de prensa es influir positivamente sobre los contenidos que se publicarán acerca de nuestra empresa, al redactarlo se debe responder a qué pasó, cuándo pasó, cómo pasó, por qué pasó y en qué circunstancias. Estas preguntas son clásicas para cualquier noticia, por lo tanto, en el comunicado de prensa se deben tratar con precisión (Amado, 2010).

Por último, a la hora de emitir un comunicado de prensa, la gestión de los tiempos es fundamental. Como es lógico, es posible que algunos periodistas estén preparándose para cubrir el acto noticiable que ha atraído atención hacia nuestra empresa y esperando nuestras declaraciones, quizá incluso contactándonos proactivamente para conseguirlas, dependiendo de la gravedad del asunto. Sin embargo, no es recomendable preparar y lanzar un comunicado de prensa de manera acelerada.

Previamente hay que sentarse con los altos cargos de la empresa y analizar la situación. Debemos acordar con ellos qué información podemos dar, qué hará la empresa para mejorar la situación, si pueden anunciarse públicamente dichas mejoras, en qué términos y cuál es el mejor resultado posible al que podemos aspirar con la emisión del comunicado.

Por otra parte, a pesar de lo delicado de la situación y de la precisión que requiere la redacción de un comunicado de prensa en una situación amenazante o de crisis, no resulta recomendable, tampoco, tardar demasiado en emitirlo. En la actualidad las noticias no tienen un recorrido excesivamente largo en cuanto a su relevancia. Si tardamos varios días en emitir el comunicado, quizá contribuyamos a reavivar una noticia que nos afecta negativamente y que ya se estaba olvidando. En ocasiones, cuando una organización tarda mucho en responder y la información que le afecta no ha perdido relevancia, puede parecer que la organización ha tardado demasiado porque quería evitar tener que responder y se ha visto obligada a hacerlo.

Por lo tanto, en situaciones de crisis hay que trabajar con agilidad, pero con calma y buena letra. Emitir el comunicado al día siguiente de que se haya publicado la información amenazante puede ser una buena opción. De cualquier forma, cada crisis es un mundo.

Por último, no puede hablarse de las crisis de marca y de los comunicados de prensa sin atender a internet y a la «la cultura de la cancelación». El mayor acceso a la información que permite internet y las posibilidades de agrupación y proactividad que abren para los usuarios las redes sociales han desembocado en una mayor habitualidad de las crisis de imagen y, por lo tanto, de la emisión de comunicados de prensa.

Cierto es también que, aunque las crisis de imagen se den más a menudo, podría considerarse que tienen menos impacto sobre la imagen de marca del que históricamente tenían. Las propias audiencias se encuentran acostumbradas a que cada día haya un nuevo escándalo, lo cual, por otra parte, no reduce el estrés de quien se encuentra en el foco del escándalo.

Como consecuencia, desde los departamentos de relaciones públicas, cada vez más, dirigimos los comunicados de prensa a la propia audiencia, además de a medios de comunicación. De hecho, en ocasiones se encuentran ejemplos de marcas que, utilizando las redes sociales, dirigen este tipo de textos únicamente a sus seguidores.

En dicho caso, la estructura del comunicado de prensa puede alterarse, pues es recomendable que el texto no se alargue demasiado y que el lenguaje resulte especialmente accesible, sin dejar de sonar serio. El tono en estos casos debe ser también más personal que en el comunicado de prensa tradicional, dirigido a medios de comunicación.

Además, al publicar un comunicado en redes sociales es importante controlar los tiempos de publicación. Durante el pico de noticiabilidad de la información, el comunicado debe ser el primer post que el usuario se encuentre al consultar nuestras redes. Debemos, por lo tanto, advertir al departamento de redes sociales de que frene cualquier otra publicación. Esto transmitirá a la audiencia la seriedad con la que estamos tratando el tema. No estamos continuando con nuestro negocio y nuestra actividad habitual, sino que nos encontramos en un parón de reflexión.

Una vez que pasa el chaparrón, es recomendable trasladar el comunicado de prensa desde nuestras redes a nuestra página web. Allí quedará recogido, disponible para quien quiera consultarlo, sin necesidad de que se encuentre presente de forma permanente en nuestras redes, recordándoles a los usuarios lo sucedido. De tal forma, se recomienda ocultarlo o eliminarlo de la red social y hacerlo disponible en un apartado de nuestra web corporativa.

Como se adelantaba, publicar los comunicados de prensa en las redes sociales se ha convertido en tendencia. Sin embargo, no debe perderse de vista que, cuando una organización enfrenta una crisis reputacional, la audiencia no siempre está dispuesta a escuchar a la organización o a creerse lo que esta le cuenta. Es por eso por lo que tradicionalmente se ha contado con los medios de comunicación, para que actúen como intermediarios y, en este caso, mediadores de un conflicto entre la marca y las audiencias. No debe desdeñarse el poder de influencia que, aún hoy, mantienen los medios de comunicación tradicionales.

Aun así, en ocasiones, y dependiendo de la gravedad del asunto, el comunicado de prensa puede quedarse corto como herramienta única de control de crisis. Cuando la situación lo requiera, podemos complementarlo con el desarrollo de otras acciones estratégicas, como ruedas de prensa.

5.4. Ruedas de prensa

Una rueda de prensa es una reunión entre uno o varios representantes (portavoces) de nuestra empresa o marca y los periodistas de los medios de comunicación de referencia de nuestro sector, diseñada para que el representante de la empresa comente un tema de actualidad relacionado con ella.

Mientras los *showrooms* y los eventos de prensa suponen reuniones privadas entre las marcas y los medios, cuyo foco de importancia reside en trabajar la relación entre ambos, las ruedas de prensa son eventos de carácter público. En ese sentido, es habitual que algunas ruedas de prensa sean retransmitidas en directo para que cualquiera pueda seguir su contenido, que resulta de interés social.

De la misma forma que sucede con los comunicados de prensa, pueden organizarse ruedas de prensa para anunciar eventos positivos de relevancia o para responder a situaciones o informaciones que resultan amenazantes para la empresa. En cualquier caso, la necesidad de convocar una rueda de prensa vendrá marcada por el grado de extrema noticiabilidad de la información tratada.

La organización de una rueda de prensa tiene la dificultad, para quien la organiza, de que obliga al medio a desplazar a una persona y eso solo se realiza si la temática es noticiable o la persona que va a participar puede tener eco informativo (Castillo-Esparcia, 2010: 114).

En cuanto a su estructura, las ruedas de prensa se componen de un discurso o anuncio emitido por parte de los representantes de la empresa, que sucede en primer lugar, y una ronda de preguntas abierta para que los periodistas complementen la información comprendida en el discurso.

Es importante garantizar el derecho del periodista a lanzar preguntas, al menos, durante un cierto periodo de tiempo. En los últimos años, en los que diversos políticos nacionales e internacionales han limitado las preguntas, esto se ha convertido casi en una cuestión de etiqueta y buenos modales. Además, desde el punto de vista estratégico resulta recomendable mostrar disposición para responder y humildad en el trato con los periodistas invitados y la audiencia que recibirá la información.

No obstante, en casos en los que la rueda de prensa se dé porque una cierta persona u equipo ha cometido un error insalvable, de manera premeditada o sin justificación posible, es recomendable no abrir la ronda de preguntas, puesto que, si no hay explicación posible, la situación puede tornarse fácilmente en un linchamiento innecesario y perjudicial para la imagen de la empresa u institución. De cualquier forma, si no se considera recomendable abrir un turno de preguntas, quizá la entidad debería replantearse la convocatoria de la rueda de prensa.

Adicionalmente, desde la perspectiva del convocante, hay que tener en cuenta algunas cuestiones que ayudan a tener un mayor control sobre la situación. Por ejemplo, seleccionar cuidadosamente a los medios de comunicación y a los periodistas que van a ser invitados o elaborar un dosier de prensa o un comunicado complementario.

Si se va a crear un documento complementario para la rueda de prensa que recoja íntegro el discurso de nuestro representante, puede enviarse este documento a los medios de comunicación que no hayan podido acudir a la rueda de prensa presencialmente. Así nos aseguramos de que les llega la información tal como nosotros queremos que les llegue y no de otra forma.

Por último, es importante saber que tanto el comunicado de prensa como la rueda de prensa son técnicas reactivas y, por lo tanto, no suelen formar parte de las campañas de relaciones públicas. Como se ha indicado, se suelen emitir cuando existe una información que nos afecta. Por otra parte, aunque resulte poco habitual, puede organizarse una rueda de prensa para cuestiones que proactivamente queremos convertir en noticia –como hacíamos con la nota de prensa–, siempre que la información que vayamos a aportar sea de extrema noticiabilidad.

Debe entenderse que para los medios de comunicación entraña un esfuerzo importante poder enviar a un periodista o dos para que cubran nuestra rueda de prensa. Por lo tanto, solo acudirán si la información les resulta interesante y les merece la pena el esfuerzo de desplazar a los periodistas. Hay que tratar de valorar si tendremos un poder de convocatoria decente, que permita que la rueda de prensa sea un recurso aprovechado de forma rentable.

> Al finalizar los eventos deportivos suelen realizarse ruedas de prensa a las que los medios acuden, por resultar noticiables, sin que necesariamente haya sucedido algo malo que deba abordarse.

5.5. *Shoppings* y envíos de producto

Shopping es el nombre técnico que reciben los envíos de producto a medios de comunicación. Estos envíos pueden remitirse de forma genérica al medio, a su estilista o a un periodista en concreto.

Sirven, en primer lugar, para apoyar a un medio de comunicación que necesita vestuario, mobiliario o *props* para crear una escenografía y que tiene poco –o ningún– presupuesto para conseguirlos. La marca, por su parte, aumenta sus posibilidades de conseguir un emplazamiento de producto gratuito, natural y creíble.

Los *shoppings* suelen trabajarse para medios de comunicación con gran carga visual, como películas, series, programas de televisión, revistas y videoclips, de entre los cuales son las revistas de moda los medios que más habitualmente requieren recibir prendas de ropa, calzado y accesorios para sus editoriales mensuales. Para la marca, la recomendación por parte de uno de estos medios resulta valiosa, pues medios como *Vogue, Glamour, Elle* o *Harper's Bazaar* son plataformas a las que los consumidores acuden tratando de inspirarse o de detectar productos de tendencia.

Por dichos motivos, la sinergia establecida, específicamente, entre los medios y las marcas de la industria de la moda es especial. En consecuencia, muchas marcas del sector textil cuentan con un empleado dedicado únicamente a realizar envíos. Por la contraparte, algunos medios especializados en moda cuentan con empleados únicamente dedicados a gestionar las recepciones de producto.

Esto es así porque el envío de *shoppings* requiere de una gran capacidad organizativa. A menos que así lo decidamos, los *shoppings* no suponen un regalo de producto. El objetivo es prestar el producto al medio para que este cubra una necesidad concreta de producción, tras la cual el producto debe devolverse a la marca.

Por lo tanto, el envío de *shoppings* supone contar con una estructura logística que incluya:

- Recepción por teléfono o correo electrónico de los pedidos de los medios de comunicación.
- Oferta proactiva de productos a los medios de comunicación.
- Almacén, inventario y control de la disponibilidad de los productos.
- Sistema de embalaje y coordinación con una empresa de transporte.
- Sistema de seguimiento, localización y retorno de los productos.
- Seguimiento y recogida de los *clippings* generados.

Hay un motivo importante por el que los productos que se envían a los medios de comunicación no se les regalan. Este motivo reside en que determinados productos comunicativos, como las revistas o las películas, pueden estar meses o incluso años en producción. Esto requiere, de nuevo, que el departamento de relaciones públicas trabaje con anticipación no solo en su gestión interna de las tareas, sino también con respecto a los productos que comunica.

No resultaría estratégico vestir al protagonista de una serie de televisión con los productos de nuestra marca de moda si una vez que se estrenase la serie los productos ya no pudiesen adquirirse. Cabría discutir aquí que simplemente el hecho de que se vea la marca en la serie es positivo y puede que sea así. Pero resulta mejor aún que el producto pueda adquirirse.

Por ese motivo, a veces se envían a los medios productos que aún no están a la venta, de la próxima temporada o que saldrán pronto. Una vez que la producción termina, no puede perderse de vista lo que sucede con un producto que aún no está a la venta. Por lo tanto, resulta fundamental que el producto retorne a las oficinas de la marca.

El producto ideal para enviar en un *shopping*:

- Incluye logos o elementos de *branding* de la marca fácilmente reconocibles, para que, sin necesidad de que se mencione a la marca, se aproveche bien el emplazamiento.

- Es un producto que saldrá a la venta en un futuro cercano o, aún mejor, un *carry over*. Un *carry over* es un producto emblemático de la marca, que está siempre a la venta igual o con mínimas modificaciones, a pesar de que las temporadas pasen.

- Las marcas de automóviles, de tecnología, de moda o de belleza son algunas de las que más a menudo utilizan este tipo de técnica.

Algunas películas y series de televisión cuentan con un cuidado diseño de vestuario o con personajes carismáticos a los que la audiencia quiere imitar. Si logramos colocar el producto en una de esas producciones, resulta estratégico contratar posteriormente una publicación que se haga eco de la aparición de la prenda en la serie o película. Existen algunos blogs especializados en vestuario televisivo que indican a los fanes dónde conseguir las prendas que visten sus personajes favoritos.

Aunque parezca extraño este contenido puede contratarse también con revistas de moda generalistas. En el 2023, el protagonista de la serie *The Bear* de Disney atrapó la atención de los fanes de la moda por lo bien que lucía las camisetas blancas de manga corta. Los internautas se preguntaban en X (antiguamente Twitter) y en TikTok de qué marca eran esas camisetas que sentaban tan bien. El interés se replicó en varios medios de moda que publicaron noticias sobre las camisetas blancas de *The Bear* y dónde encontrarlas.

Este es un caso extraordinario, en el que un producto aparentemente poco interesante y sin *branding* se vuelve viral por su aparición en televisión. Podemos tratar de potenciar algo similar cuando logremos un buen emplazamiento. Como se ha explicado en el capítulo de planificación de campañas, cuando la marca realiza una acción interesante, resulta estratégico aprovecharla de diversas maneras a través de técnicas secundarias que sirvan para amplificarla.

5.6. *Partner programs*

Un *partner program,* también conocido como *affiliate program,* supone la asociación y colaboración habitual con medios de comunicación *online* con el objetivo de aumentar las visitas de nuestra página web.

La afiliación supone una asociación comercial a través de la cual los *partners* obtienen una pequeña comisión a cambio del tráfico derivado a las páginas web de las empresas, especialmente a sus *e-commerce*. En el día a día, implica que los medios publican contenidos sobre la marca (*banners, newsletters,* etc.), partiendo de la información enviada por la marca y con una cierta regularidad, incluyendo en ellos los enlaces clicables a nuestra web.

Dependiendo de la asociación que hayamos formalizado con cada medio, el pago podrá hacerse por el cumplimiento del objetivo que más interese a la organización: por los clics, conversiones, *revenue* o con base en otros KPI.

La asociación a través de un *partner program* es compleja, por lo que, habitualmente, supone la colaboración de:

- El equipo de relaciones públicas: personas de contacto y de confianza para los medios de comunicación.
- El equipo de *e-commerce:* conocen las necesidades, así como los resultados finales.
- El equipo de digital: aportan la estrategia y el conocimiento de las herramientas digitales.

El papel del relaciones públicas en este tipo de acciones es el de ayudar a detectar y seleccionar los mejores medios atendiendo a criterios como las audiencias y públicos, la conexión con nuestra identidad de marca, el conocimiento en profundidad que tenemos sobre los diferentes medios, sus formas de trabajo, su profesionalidad y sus estructuras. Además, también será el encargado de establecer el primer contacto con el medio de comunicación y de guiar la negociación. El relaciones públicas es la persona de confianza para los medios y, por ese motivo, es posible que también le toque mediar en los posibles conflictos que puedan surgir.

5.7. Cambios en las relaciones con los medios de comunicación, potenciados por el entorno digital

La web 2.0 ha desencadenado varios cambios que afectan directamente al desarrollo de las relaciones entre las organizaciones y los medios. Podría decirse que, en general, estos cambios han tenido un efecto negativo sobre los medios de comunicación, aumentando la competencia y la cantidad de contenido de entretenimiento disponible, así como alterando los lugares en los que los consumidores se informan.

Esta difícil situación ha desembocado en que, cada vez más, lo que tradicionalmente conseguíamos sin dificultad a través de las relaciones públicas se convierte en una recompensa o deferencia de los medios hacia las marcas como respuesta a la inversión publicitaria realizada en sus medios. Es decir, las relaciones públicas con medios de comunicación cada vez son menos independientes como disciplina y dependen más de la inversión que hacen las marcas en formatos puramente publicitarios.

Además, los propios medios de comunicación están mutando y redefiniéndose. En algunas ocasiones los medios se ofrecen a actuar como agencia de publicidad y participan en concursos de acciones publicitarias que incluyen la organización de eventos u otras acciones de *marketing,* ofreciendo sus contactos y experiencia como producto principal y su plataforma mediática como complemento.

También los entornos en los que se da la comunicación han cambiado. Tradicionalmente, los medios de comunicación solían publicar o emitir la mayor parte de su producción en un espacio o medio propio. Sin embargo, la digitalización de la sociedad ha forzado a los medios de comunicación a realizar un gran porcentaje de su actividad en medios de terceros (TikTok, X y YouTube, principalmente).

Entre otras consecuencias, esto ha dado lugar al nacimiento de nuevos formatos que amplían las posibilidades creativas para medios y anunciantes en una industria que se mostraba reticente a la innovación. Adaptarse a estos nuevos formatos no es una opción, pues nos encontramos también con una audiencia saturada e «inmunizada» con la que solo podemos conectar a través de la realización de acciones completamente nuevas y sorprendentes.

En este nuevo panorama, conseguir una ilusión de proximidad con la audiencia es clave, aunque esa proximidad nunca deje de ser ilusoria. En esa tensión latente entre la cercanía y la imposibilidad de llegar a conocer o interactuar con nuestros ídolos reside el éxito de los *influencers* y las celebridades de internet (Mattei, 2015). Una ilusión que ni medios ni marcas han llegado a conseguir crear aún.

Por eso, realizar acciones en las que un *influencer* o celebridad aparece representando a la marca en un medio de comunicación es cada vez más habitual. Es una manera de convencer al medio para que publique un contenido de marca de forma gratuita y de atraer la atención de la audiencia. Sin embargo, cabría discutir que los *influencers* y celebridades también parecen ir perdiendo interés con los años.

En general, aunque las redes sociales y el entorno *online* han abierto muchas posibilidades para las relaciones públicas, el futuro de la disciplina y de su relación con los medios de comunicación es incierto. A pesar de esto, resulta fundamental que las marcas se muestren responsables y sigan apoyando a los medios de comunicación para que estos puedan sobrevivir y cumplir con su importante función social.

El trabajo
con *influencers*

Se conoce con el nombre *marketing* de influencia a cualquier acción comunicativa realizada con *influencers* y celebridades que recomiendan la marca estableciendo una relación pública de apoyo mutuo (una especie de amistad, aval o complicidad).

Aunque su nombre incluye el término *marketing*, puede verse claramente al atender a la definición que este tipo de estrategias pertenece al campo de trabajo de las relaciones públicas. Suponen el establecimiento de contacto con una figura de influencia que publica contenido en sus propias redes sociales (para la organización, medios ganados), publicitándola y ayudándola a conseguir sus objetivos.

Este es un trabajo complejo de masterizar. Al trabajar las relaciones públicas con *influencers* caminamos en una fina línea entre la amistad y los negocios, lo que puede generar una sensación de falsedad o falta de genuinidad por ambas partes. Resulta esencial encontrar la fórmula perfecta para convertirse en aliados, más que en amigos.

Los amigos pueden verse arrastrados por motivaciones personales o por rencores. Además, las amistades se establecen de manera personal, por lo que el relaciones públicas debe dedicarles su tiempo libre y, si el relaciones públicas se marcha, la empresa perderá una gran parte de sus contactos estratégicos, que terminarán en la empresa a la que se haya marchado. Los aliados, por el contrario, comparten objetivos y confían mutuamente el uno en el otro, algo que solo es posible desde la honestidad. Cuando se establece una alianza con alguien, esa persona brinda su apoyo a alguien que puede y quiere devolvérselo, y ese alguien habitualmente es la empresa y no el relaciones públicas a título personal. Aun así, estas aguas pueden volverse turbulentas. Las marcas tienden a ser egoístas y los *influencers* pueden tener un sentido exacerbado de su importancia. En muchas ocasiones esto genera conflictos.

Cabe matizar que, a pesar de su nombre, el *marketing* de influencia no se trabaja solo con *influencers* puros, nativos de las redes sociales. Esta denominación también incluye el trabajo que se realiza con actores, cantantes o deportistas famosos, así como con cualquier tipo de personalidad o colectivo artístico que sea popular en las redes sociales. Podría decirse que cualquier perfil que acumule un cierto número de seguidores en las redes sociales y que realice tareas publicitarias o promocionales es un perfil que está participando en el *marketing* de influencia.

Para aglutinar a todo este tipo de personalidades dispares, recientemente se ha comenzado a utilizar el término de carácter genérico *talent*. Un *talent* es, para la organización, una personalidad relevante para su campaña que ejerce la función de *influencer* o protagonista de la comunicación.

Al trabajar con ellos, la organización busca:

- Aprovechar su gran plataforma con un objetivo de *reach*, para alcanzar a su amplio número de seguidores.
- Aprovechar su credibilidad para conseguir un objetivo de imagen.
- Aprovechar la atención que les prestan sus seguidores para mostrar el producto en acción y potenciar su popularización o venta.

Además, los *influencers* transforman la publicidad en entretenimiento, practican la modalidad más creíble del *marketing*, el «boca oreja», extendiendo sus recomendaciones a una amplia audiencia que va más allá de su círculo cercano y, en muchos casos, basan sus contenidos en mostrar productos. Por estos motivos, las estrategias de *marketing* de influencia, cuando se emplean bien, pueden resultar extremadamente útiles.

A pesar de la gran variedad de perfiles susceptibles de participar en el *marketing* de influencia, lo más recomendable a la hora de desarrollar una planificación estratégica de relaciones públicas suele ser dividirlos en categorías atendiendo a la importancia que tienen para la organización y la relación que se va a establecer con ellos.

6.1. *Influencers* y embajadores de marca

De manera fundamental, la primera distinción que debe hacerse es la que divide a los *talents* en las categorías de *influencers* y embajadores de marca.

Consideraremos como *influencers* a aquellos usuarios de redes sociales que han acumulado un número significativo de seguidores gracias a su actividad profesional o su capacidad para conectar con otros a través del humor, la estética, el conocimiento experto, los intereses compartidos u otros factores.

Suele trabajarse con ellos bien de forma reactiva, cuando ellos nos solicitan ayuda, bien de forma proactiva en campañas concretas a corto plazo. Es recomendable crear una lista de *influencers* específica (y diferente) para cada campaña, en la que se divida a los *influencers* en niveles o *tiers* de importancia estratégica.

Trabajar con ellos servirá para dar respuesta a objetivos concretos e inmediatos, como popularizar un producto, derivar tráfico a nuestra web o amplificar un evento o lanzamiento que esté teniendo lugar.

Los *influencers* suelen producir su propio contenido, ya que nos interesa que aporten su visión o toque personal. El relaciones públicas mantiene con ellos un contacto más o menos cercano y continuado, pero trabajan para –o con– la organización únicamente de forma puntual. Habitualmente, cuando se les necesita se trabaja con varios a la vez.

Por la otra parte, los embajadores de marca son *talents* –*influencers* o de otro tipo– que interesan a una marca de manera especial por su personalidad o por la manera en la que son percibidos por el público. Suele contarse con un número muy reducido de embajadores de marca o con uno, únicamente.

Su función es representar públicamente a la marca y se trabajan con ellos objetivos poco concretos. Por ejemplo, habitualmente, las organizaciones y empresas buscan que se asocie a esa celebridad con sus marcas y sus productos. Habitualmente, han sido *hero partners* durante algún tiempo antes de pasar a ser embajadores de marca, aunque no siempre.

Los embajadores de marca promocionan a la organización de manera constante, con distintos niveles de intensidad según se requiera. La asociación entre ambos se refuerza y aprovecha constantemente tanto en el apoyo a los nuevos lanzamientos como en acciones de marca e incluso de comunicación interna.

La relación que se establece entre la organización y los embajadores de marca:

- Está formalizada por contrato, es estable y a largo plazo.
- Implica su actuación como representantes de la marca, participando incluso en actividades internas.
- Está sujeta siempre a algún tipo de retribución.
- Vive también fuera de las redes sociales.
- Aunque pueden producir su propio contenido de forma complementaria, habitualmente aparecen como modelos en contenidos producidos por la propia marca, incluso protagonizando campañas de publicidad.

Por lo tanto, la diferencia entre *influencers* y embajadores de marca reside, esencialmente, en la relación que cada marca tiene con ellos, así como en la importancia que tienen para la organización y los objetivos que se trabajan con ellos.

Sobre la relación entre *influencers* y marcas en las nuevas redes sociales:

Debe tenerse en cuenta la naturaleza mutable de las relaciones de poder que se dan entre *influencer*, marca y audiencia, en el entorno de las redes sociales. Hasta ahora, los *influencers* necesitaban a las marcas para sobrevivir.

Los creadores de contenido caminaban sobre una fina línea que les permitía seguir siendo populares y proveer contenidos interesantes y genuinos para su audiencia mientras trataban de maximizar su nivel de ingresos a través de la formalización de acuerdos económicos con marcas. Los contenidos publicitarios podían llegar a molestar a la audiencia, especialmente si aparecían en exceso, pero eran necesarios para que el *influencer* pudiese sobrevivir.

Por otra parte, en algunas redes sociales existían programas de creadores que recompensaban a los *influencers* por su contenido. Sin embargo, trabajar como representantes o recomendadores de las marcas seguía haciéndoles mucha falta.

En la actualidad, las redes sociales están tratando de convencer a los usuarios para que sean ellos quienes paguen el salario de los *influencers.* La entrega de regalos a través de las plataformas digitales y las suscripciones premium tienen la función de liberar a las empresas de redes sociales de su responsabilidad económica para con los creadores.

Para el usuario, tener que pagar por consumir el contenido de sus *influencers* favoritos resulta inconveniente. Si bien, por otra parte, este tipo de medidas altera el equilibrio de poder que había existido hasta ahora, otorgando más poder a los consumidores sobre el contenido de los canales. Cuando el fan es el que paga, el contenido se crea con la intención y prioridad de satisfacerlo a él.

Más allá de lo que esto pueda significar a nivel ético para todos los implicados, parece claro que este tipo de medidas perjudica a las marcas y su capacidad para colocar contenidos publicitarios a través de las relaciones públicas. Los *influencers* necesitan cada vez menos a las marcas.

6.2. El *scouting*

Podemos referirnos al proceso de selección de los *talents* con los que se va a trabajar una determinada campaña como *scouting.* Este proceso consiste en hacer un barrido de internet para detectar perfiles de interés con los que trabajar.

Al realizarlo, siempre debe tenerse en cuenta que, en mayor o en menor medida, las colaboraciones con este tipo de perfiles siempre suponen un cierto nivel de asociación entre la imagen pública del creador y de nuestra marca. Por ese motivo, se vuelve esencial elegir a la persona correcta para cada ocasión, conscientes de que estamos asociando nuestra marca a su nombre y aquello que esa persona representa y atendiendo a un criterio de calidad antes que de cantidad (de seguidores).

En ese sentido, al elegir un *influencer* con el que trabajar, es importante:

- Que su personalidad pública vaya en línea con nuestra imagen de marca.
- Compartir un mismo público objetivo o *target.*
- Que colaborar con él esté en línea con nuestra estrategia y posibilidades.
- Decidir si elegimos a un *talent* global, nacional o local.
- Las prospectivas de relación a futuro.
- Chequear su *engagement rate* para comprobar que su contenido gusta.
- Comprobar la veracidad de sus números de seguimiento, utilizando las herramientas de internet disponibles para ello.
- Comprobar las noticias que hay publicadas sobre él, planteándonos si es un *talent* ético y creíble, o si ha tenido algún escándalo grave en el pasado.

Además de realizar este proceso de *scouting* cuando se va a empezar a trabajar por primera vez en una organización, o cuando se va a trabajar una nueva campaña importante, es recomendable llevar a cabo una búsqueda activa y constante de nuevos perfiles para facilitar la detección temprana de *influencers* potenciales antes de que sus audiencias crezcan. Esto nos permite:

- Ser la primera o una de las primeras marcas que los apoyan en su carrera.

- Que su audiencia se acostumbre a nuestra relación a lo largo del tiempo, creando una asociación fuerte, memorable y que aprovecha la costumbre.

- Que el *influencer* no se sienta incómodo al promocionarnos, porque su audiencia es consciente de su buena relación con la marca.

- Trabajar con *influencers* que tienen una imagen poco problemática, ya que todavía no han crecido y es poco probable que se vean expuestos a escándalos.

- Trabajar con *influencers* más creíbles. El público asume que todo lo que hace un *influencer* grande es publicidad, dado que ese *influencer* vive de la publicidad.

- Ser capaces de alcanzar a un nicho de consumidores cuando promocionamos productos que no se dirigen a una audiencia masiva o *mainstream*.

- Ser capaces de impactar en la base de *early adopters,* usuarios que detectan las tendencias con rapidez y a los que su círculo cercano imita.

Además, en ocasiones, los ratios de *engagement* son más altos en *microinfluencers* e *influencers* con pequeñas audiencias. Este tipo de perfiles tienen menos seguidores, pero a los «pocos» que tienen les gustan más.

6.3. Formas de trabajo con los *influencers*

De forma general, puede decirse que existen tres vías principales de trabajo con *influencers:* los regalos de producto, los eventos y las colaboraciones pagadas. Las diferentes formas de trabajar con los *influencers* suponen un distinto nivel de apoyo, relación y reconocimiento de nuestra parte hacia su trabajo diario.

En este sentido, los envíos y regalos de producto son las técnicas menos valiosas. Solemos trabajarlas como primer contacto y para testar la posibilidad de trabajar con un *influencer.* Además, las trabajamos con multitud de *influencers* a la vez, dados su reducido coste y su bajo nivel de compromiso.

Las invitaciones a eventos son técnicas más valiosas, en las que podemos empezar a establecer relación con un *influencer* con el que nos interese colaborar más a menudo. Implican una cierta conexión o familiaridad entre ambos que es percibida por la audiencia.

Las colaboraciones pagadas afianzan la relación con un *influencer* que nos interesa mucho por su tamaño o perfil. Suponen un compromiso de hacer negocios juntos, así como un apoyo mutuo público a todo aquello que el otro representa.

Para manejar correctamente los niveles de importancia de las distintas técnicas y evitar, asimismo, problemas de ego entre los diferentes perfiles de influencia que participan en la campaña, resulta recomendable trabajar de manera interna al departamento, dividiendo a los *influencers* en varios niveles según puedan aportar a la campaña. Posteriormente, se deben trabajar con cada uno las técnicas que corresponden a su nivel de importancia estratégica. Es un trabajo similar al que ya se realizó previamente en el mapa de públicos, pero que, en este caso, se realiza de manera pormenorizada, atendiendo a cada uno de los *talents* involucrados en la campaña y asignándole un rol o nivel de importancia estratégica.

Los criterios para encajar a un *talent* en un nivel de importancia estratégica o en otro son libres. No obstante, es recomendable ponderar el número de seguidores, la afinidad con la campaña que se está trabajando y la recurrencia y fortaleza de la relación preexistente entre la marca y el *influencer.*

Los *influencers* con los que ya se ha trabajado previamente o que tienen un gran número de seguidores irían en el nivel más alto. Con estos se trabajarían las técnicas más valiosas, evitando así que vean cómo un perfil nuevo recibe más atenciones o cuidados que nuestros fieles aliados.

> **Ejemplo:**
> - En la campaña se trabajará con 100 *influencers.*
> - 30 de ellos son *microinfluencers* detectados a través del *scouting* con los que nunca hemos trabajado. Les enviaremos el producto para ver si lo publicitan y cómo lo hacen. Su apoyo nos vendrá bien, pero no es fundamental para la campaña.
> - 60 de ellos son *influencers* con los que ya hemos trabajado antes, les enviaremos el producto y los invitaremos al evento de lanzamiento. Sus contenidos suponen el grueso de la campaña.
> - 10 de ellos son *influencers* de gran tamaño, establecidos, reconocidos en el sector y con los que llevamos trabajando mucho tiempo. Además, encajan a la perfección con la imagen y los valores de nuestra marca. Además de enviarles el producto e invitarlos al evento, contrataremos una publicación por la que los remuneraremos económicamente. Son los perfiles en los que más nos interesa aparecer y hay que asegurarlos.

A continuación, se presentarán las diferentes técnicas de trabajo con *influencers* que existen, comenzando por las de menor valor.

A. LOS REGALOS DE PRODUCTO

Técnica 1: *seedings*

Es el nombre técnico que reciben las estrategias basadas en el envío de producto a la casa o agencia de los *influencers.* Se llaman *seeding* porque sirven para plantar semillas *(seeds)* de nuestro producto en internet, viendo cómo crece posteriormente la cosecha.

Habitualmente, los *influencers* se refieren a los paquetes recibidos como «paquetes de PR» y su primer impulso suele ser mostrar el paquete en vídeos tipo *unboxing.* Sin embargo, esto no es lo más recomendable. Al enviar un *seeding* solemos aspirar a que se vea al *influencer* utilizando el producto de forma natural, porque le gusta. Debemos evitar incurrir en publicidad encubierta, pero, a la vez, aspirar a la naturalidad.

Lo ideal es que el *influencer* utilice el producto en más de una ocasión, con regularidad, para que pueda indicar en la primera ocasión que lo ha recibido como parte de una campaña publicitaria, pero hacer que la audiencia olvide ese detalle a largo plazo, convenciéndolos de que si el *influencer* sigue utilizando el producto es porque le gusta.

Es recomendable que, además del producto, el paquete incluya una pequeña nota o folleto en el que:

- Añadimos un mensaje personal que haga sentir al *talent* que está recibiendo ese producto porque lo tenemos en buena estima.
- Incluimos la información del producto: cuánto cuesta, cuándo se lanza, fecha de embargo, *hashtags* oficiales.
- Le pedimos por favor al *influencer* que integre el producto de forma natural y que evite darnos las gracias.

Técnica 2: *showrooms* de *influencers*

Los *showrooms* son pequeños eventos privados que organizamos para los *influencers.* En ellos contamos con los productos más importantes de la colección, los cuales se encuentran expuestos como si de una tienda se tratase. De esta forma, los *influencers* conocen la colección por sí mismos, eligen los productos que mejor funcionan para ellos y se los llevan de regalo.

La idea es aprovechar al máximo ese regalo de producto, consiguiendo lo mismo que conseguiríamos con un *seeding,* pero, además, asegurando acertar con el producto y contando con la oportunidad de explicar al *influencer* la colección, pasar tiempo con él y establecer una buena relación.

Durante los *showrooms* de *influencers* se puede invitar a un fotógrafo para que saque fotografías profesionales. Tener un fotógrafo *in situ* puede incitar a los *influencers* a publicar los contenidos en el momento, permitiéndonos ganar una presencia fuerte en redes sociales durante ese día, con contenido de una estética similar. Por ejemplo, cuando se quiera popularizar una campaña que sea reconocible como tal y mostrar la fuerza y poderío de la marca.

No obstante, en otros momentos se aspirará a la naturalidad y a colocar el producto en las redes sociales de los *talents* sin que se detecte tan fácilmente que detrás hay una gran campaña estratégica. En ese sentido, hay que plantearse qué resulta más conveniente para cada campaña, pues en ocasiones resultará preferible esperar a que los *influencers* publiquen su propio contenido, en su calidad y tiempos habituales.

B. LOS EVENTOS

Técnica 3: organización de eventos propios para *influencers*

En ocasiones, un *showroom* puede quedarse algo corto; por ejemplo, cuando el producto no es suficientemente interesante para atraer a *influencers.* Igual que sucedía con los periodistas, e incluso más, hay que considerar que los *talents* acuden a eventos de diversos tipos con asiduidad. Esto puede y suele desembocar en que no les apetezca asistir.

Para maximizar la asistencia de los *talents* invitados, podemos crear eventos que supongan un reclamo atractivo: una fiesta, una oportunidad de visitar un entorno exclusivo o de desarrollar una actividad diferente y divertida. Es un acuerdo tácito entre el *talent* y la organización que la actividad se utilizará como excusa para presentar un producto, por lo que los *influencers* no suelen poner pegas sobre su promoción.

Además, si lo que se va a promocionar en el evento es un producto de moda, maquillaje, joyería o calzado, puede ser conveniente realizar un *seeding* varios días antes. Esto facilita que los invitados utilicen el producto en el evento. Esto sería lo que sucede, por ejemplo, en los desfiles de las marcas de moda, a los que las celebridades embajadoras de marca acuden ya vestidas con la misma colección que se está presentando en la pasarela, listas para ser fotografiadas por los medios o para publicar sus propios contenidos.

En entornos desenfadados, los *influencers* publican contenidos de forma natural. Es lo que saben hacer y a lo que están acostumbrados. Si llenamos el evento de *talents* y personalidades de tendencia que están utilizando nuestro producto, podemos llegar a lograr un impacto muy positivo en las redes sociales.

Además, es recomendable contar con equipos de fotógrafos o videógrafos profesionales para poder generar contenido que enviar a los medios de comunicación. Este contenido también puede compartirse con el departamento que maneja las redes sociales de la propia empresa, por si resulta de su interés publicarlo. En cuanto a esto, aunque los *influencers* suelen estar acostumbrados, resulta un detalle de buen gusto, así como una acción preventiva de problemas, avisar a los *influencers* de que se los grabará y fotografiará para contenidos que serán posteriormente publicados.

A este respecto, el nivel de rigurosidad con el que se aseguren los derechos de imagen dependerá del relaciones públicas y su criterio, del tipo de evento del que se trate y de la confianza que tenga con los *talents.* Puede darse un simple aviso de palabra, puede colocarse un cartel a la entrada que informe de que se grabarán contenidos y de que al acceder al evento se acepta implícitamente aparecer en los mismos, o puede entregarse un documento formal de cesión de derechos a cada *talent.* Lógicamente, esta última opción es la más segura, pero también la que genera una mayor incomodidad.

Los eventos para *influencers,* así como los *showrooms,* se crean para que los *talents* disfruten, se relajen y pasen un buen rato con nosotros mientras publican sus contenidos. Así pues, lo que se requiere del *influencer* es únicamente que publique algún contenido. Sin embargo, en otras ocasiones podemos colaborar de forma más exigente con los *talents,* por ejemplo, contando con su participación en eventos abiertos al consumidor.

Técnica 4: eventos abiertos al consumidor

En ocasiones, invitamos a un *talent* a un evento abierto al consumidor para que actúe como reclamo de asistencia. En estos casos, el *talent* actúa como anfitrión, trabajando como un miembro más del equipo de relaciones públicas en un evento que está hecho, sobre todo, para que disfrute el consumidor.

Para poder realizar este tipo de acción, resulta recomendable formalizar un contrato con el *talent*. El mayor peso de la promoción del producto o marca en el evento recaerá sobre el *influencer*, por lo que debemos reunirnos con él en persona antes del evento y formarlo. Hay que asegurarse de que conoce la escaleta del evento (el orden y horario de los acontecimientos), la información clave sobre el producto o acción que estamos tratando de comunicar y los mensajes clave que queremos que transmita. Como puede apreciarse, el *talent* juega un rol fundamental en la acción.

Trabajar de manera formal, con un contrato y remuneración, es la única garantía que tenemos de que el *talent* acudirá al evento y de que no nos dejará plantados una vez anunciada su presencia. Hay que tener en cuenta que la audiencia asistirá únicamente con el propósito de verlo.

Por otro lado, hay que tener en cuenta que el *talent* puede fallarnos en el último minuto, aunque hayamos formalizado un contrato con él. Los *talents* son personas y, por inoportuno que pueda resultar, en ocasiones se ponen enfermos o tienen inconvenientes de última hora. Si nos sucede esto en el día del evento, las perspectivas son muy negativas. Habrá que realizar una reunión de equipo urgente para ver qué soluciones pueden implementarse.

Adicionalmente, al realizar eventos abiertos al consumidor en los que los *talent* actúen como reclamo de asistencia y anfitriones, resulta de extrema importancia contar con un buen plan de prevención de riesgos para proteger a la empresa en caso de accidente. Algunos *influencers* pueden generar verdaderas mareas humanas de fanes y atraer a consumidores menores de edad, por lo que deben extremarse las precauciones de seguridad.

Por último, acerca de las publicaciones que generará el evento, podemos pactar en el contrato del *talent* la obligatoriedad de retransmitir el evento en sus redes, publicando en una o dos ocasiones. De cualquier forma, si hemos trabajado bien con el *talent* en las reuniones previas y lo hemos hecho sentir implicado en el proyecto, es posible que publique proactivamente sobre el evento. Adicionalmente, debe contarse con que el propósito principal del evento abierto al consumidor es el de generar *User Generated Content:* que sean los propios consumidores los que quieran compartir contenidos sobre nuestra marca u organización, porque están viviendo una experiencia memorable con ella.

En ese sentido, igual que sucede con los eventos de *influencers,* los eventos abiertos al consumidor deben tener un concepto definido y contar con actividades disfrutables. No podemos depender únicamente de la presencia del famoso porque, aunque los usuarios conozcan en persona al *talent* que les gusta y se fotografíen con él, es posible que esa fotografía no aporte nada de contenido estratégico para la organización.

Photo opportunities y *video opportunities*:

Para potenciar que los consumidores que acuden al evento publiquen contenido que verse sobre la marca, organización o producto que estamos tratando de promocionar, deben crearse espacios que resulten inusualmente estéticos. El objetivo es que el consumidor encuentre algo que le guste y se quiera hacer una foto o un vídeo con ello.

Los ejemplos más clásicos y manidos de creación de *photo opportunities* son la colocación de una pared de *photocall* o de un fotomatón. En los últimos años las luces de neón o las flores se han utilizado también con este propósito. Para cada evento, habrá que buscar algo que encaje con la temática y que, a poder ser, no haya sido utilizado por otras marcas previamente.

Técnica 5: invitaciones a eventos de terceros

Hasta ahora se han abordado tres tipos de eventos en los que el *influencer* es el centro de la acción y en los que estamos tratando de convencerlo para que asista y publique contenidos. Sin embargo, no hay que perder de vista que los *talents* son personas y que puede haber eventos que les resulten interesantes de manera natural. Por desgracia, en la mayor parte de las ocasiones no se trata de eventos de marca, como tal. Pero esto no quiere decir que la marca u organización no pueda aprovechar la oportunidad.

Puede resultar interesante invitar a los *influencers* a eventos ajenos a nuestra organización, por ejemplo, a galas de difícil acceso o eventos relacionados con *tactic moments.* Debe considerarse aquí que a un *influencer* puede interesarle acudir a un evento como los Oscar, los Goya, los premios de la música o los festivales más importantes de su sector. La asistencia a este tipo de eventos, en los que las marcas suelen participar como patrocinadoras, sirve a los *talents* para dejarse ver, mostrando que siguen manteniéndose relevantes, así como para establecer contactos con profesionales del mundo del espectáculo que pueden resultar beneficiosos para su carrera.

El rol de la marca sería aquí el de facilitar la asistencia del *influencer* a dicho evento, bien sea aprovechando sus contactos, bien con la simple adquisición de una entrada. En este sentido puede resultar estratégico patrocinar eventos relacionados con *tactic moments* de nuestro sector o que nos interesen. Este trabajo deberá realizarse con antelación y supondrá que, antes de poder pensar en cómo aprovecharemos la presencia del *talent* en el evento, hay que trabajar en contactar con los organizadores, reunirse con ellos y establecer una relación que nos permita estar presentes.

Una vez que se garantiza el acceso del *influencer* al evento, la marca debe tratar de aprovechar al máximo su presencia. El relaciones públicas de la marca siempre acompañará al *talent* al evento, dado que lo primero para lo que debemos aprovechar el evento es para establecer –o reforzar– amistad con el *talent.*

Durante el evento, el *talent* estará emocionado y disfrutando, gracias a nuestra marca y con ella.

En segundo lugar, la marca debe tratar de aprovechar estratégicamente la presencia del *talent* en el evento, sea colándolo en una posible alfombra roja, sea contratando una publicación con un medio de comunicación o cerrando publicaciones con el propio *talent* para que las suba a sus redes sociales. Lo que queremos es que se vea que el *talent* ha asistido al *tactic moment* y que está con nosotros. Esto es lo que sucede en la alfombra roja de los principales premios de cine o, de manera aún más clara, anualmente en la gala del Met.

C. LAS COLABORACIONES PAGADAS

Son modalidades en las que el *influencer* crea un contenido con la finalidad única de publicitar a la marca u organización, siempre sujeto a la aprobación por parte de la misma y a cambio de una retribución económica directa o indirecta.

Supone el equivalente a la publicidad tradicional, pero, en lugar de colocar esa publicidad en el espacio publicitario de un medio de comunicación, se coloca en el *feed* de un *influencer*. El *influencer* realiza la labor de la agencia de publicidad, pensando y elaborando el contenido y, posteriormente, difundiéndolo en sus propias redes sociales.

Técnica 6: *influencer marketing* orgánico

Este tipo de técnica consiste en dedicar una partida de nuestro presupuesto a contratar a un *influencer* para que postee sobre nosotros. El *influencer* recibe una remuneración que asegura la publicación, pero el recorrido de su post es orgánico. Esto quiere decir que el objetivo de la acción es que el contenido alcance a los seguidores del *influencer*. No se invierte presupuesto en montar o promover el contenido como anuncio en la red social.

El precio de la publicación depende de la popularidad del *influencer,* del nivel de relación marca-*influencer,* del producto y de la situación. Si existe una buena relación con el *talent* y el producto genuinamente le gusta, es posible que consigamos un mejor precio que al tratar de comprar una publicación en el perfil de un *influencer* al que no conocemos y con el que trabajamos por primera vez.

Por ese motivo, resulta difícil definir un precio medio para la adquisición de un espacio en el perfil de un *influencer.* Cada relaciones públicas debe saber cuánto está dispuesto a pagar, considerando su presupuesto total y la importancia que la publicación tiene para su campaña. Por otra parte, en internet existen diversas herramientas que pueden ayudar a estimar cuánto se debe pagar por cada acción.

Técnica 7: post promocionado (o *influencer marketing* promocionado)

De igual forma que sucede con el *influencer marketing* orgánico, el desarrollo de una acción de *influencer marketing* promociona-do supone asegurar la publicación de un contenido publicitario por parte un *influencer.* Dicho contenido será posteriormente promocionado con presupuesto proveniente de la marca, que se invierte en una red social montando un anuncio. El anuncio puede venir publicado bajo el *handle* –o cuenta– de la marca, del *influencer* o de ambos en colaboración.

Es habitual testar al *influencer* a través de colaboraciones orgánicas antes de dar el paso al *influencer marketing* promo-cionado, así como trabajar con *influencers* que manifiestan un interés natural por la marca o que nos interesan especialmente por la extrema afinidad de su perfil con nuestra campaña.

Puesto que este tipo de acciones implica invertir en redes sociales montando un anuncio, resulta más que recomendable informar al departamento que maneja las redes sociales de la marca u organización e, incluso, contar con ellos para que nos ayuden a definir correctamente los parámetros de la compra publicitaria. Por ejemplo, el tipo de coste.

Técnica 8: afiliación

La afiliación supone el pago de una pequeña comisión al *influencer* a cambio del tráfico derivado de su actividad (conversiones, altas, etc.). Puede trabajarse como una técnica a largo plazo o de manera puntual. Si el *talent* con el que estamos trabajando nos interesa mucho, está actuando como *hero partner* del año o es nuestro embajador de marca, resulta estratégico establecer una relación de afiliación a medio o largo plazo. Si, por el contrario, estamos trabajando una campaña concreta con el objetivo de potenciar la venta, podemos establecer afiliaciones puntuales o a corto plazo con los *influencers* que mejor encajen con la campaña.

En ambos casos, resulta extremadamente importante ser capaces de medir el tráfico generado por el *influencer.* Es decir, que sepamos qué visitas al *e-commerce* y qué ventas vienen motivadas por las publicaciones en redes sociales de dicho *influencer.* Para conseguir estos datos hay dos maneras principales de trabajar. O bien se provee al *influencer* de un código de descuento con su nombre, o bien se le facilita un enlace trackeado. El *influencer* publicará un contenido sobre la marca en el que incluirá el enlace o el código de descuento, que los usuarios que lo siguen utilizarán para acceder a nuestra web y, potencialmente, adquirir el producto.

Para poder medir y remunerar la afiliación, puede utilizarse:

- Un código de descuento: consistente en una palabra o una palabra y un número que identifiquen al *influencer* y la campaña. El consumidor introduce ese código al finalizar su compra *online* y se beneficia de un pequeño descuento. La marca sabe así que dicha venta ha ocurrido gracias al *influencer.* Por lo tanto, el código de descuento sirve únicamente para medir las ventas generadas y las mide sucedan en el momento en que sucedan.

- Un enlace trackeado: es un enlace largo que recoge en su cuerpo la información del *influencer* y la campaña. El *influencer* publica un contenido con el enlace y el usuario de internet hace clic en él, aterrizando en la web corporativa. Una vez en la web, el usuario podrá adquirir, o no, los productos de la marca. Este método de trabajo permite medir las visitas y las ventas por igual, siempre que el usuario realice las acciones pertinentes en el mismo momento en el que se ve expuesto al contenido y de manera directa a través de este. Si el usuario visita la web a través del enlace trackeado, pero finaliza la compra tres días después buscando el producto en Google, no existe manera de saber que es la afiliación con el *influencer* lo que ha potenciado la venta.

Puede apreciarse fácilmente que la afiliación es una técnica orientada, principalmente, a potenciar las ventas. Sin embargo, también puede servir para poner un producto de moda o, simplemente, para incentivar que los *influencers* publiquen contenidos sobre la organización, ante la posibilidad de recibir algunos ingresos extra. Así pues, se trata de una técnica versátil que sirve también para generar notoriedad.

Técnica 9: desarrollo de colecciones conjuntas

Suponen la colaboración del *influencer* y la marca en el diseño conjunto de un producto o una colección especial a los que el *influencer* aporta su imagen y nombre, además de su visión y estilo personales. Por lo tanto, es importante elegir a alguien que realmente pueda aportar algo interesante a la marca u organización y con quien la conexión sea natural.

El objetivo de estas colecciones suele ser la venta de producto entre la base de fanes del *influencer*. Los seguidores más adeptos del *talent* adquieren el producto o colección como si se tratase de una pieza de *merchandising*, por lo que es recomendable trabajar este tipo de acciones con *influencers* que tienen una gran base de seguidores.

Hay que tener en mente que no todos los usuarios que siguen a un *influencer* son fanes incondicionales, por lo que el porcentaje de seguidores que adquirirán el producto será relativamente bajo.

En resumen, podría discutirse que este tipo de acciones son beneficiosas solamente en ocasiones muy puntuales. Desde el punto de vista de la marca, resultan complejas de gestionar y muy arriesgadas, por los plazos y presupuestos que se manejan. Producir un producto y ponerlo a la venta puede llevar meses o incluso años de trabajo, por lo que debemos estar seguros de que nuestra relación con el *influencer* aguantará un proceso de trabajo intenso, de que el *influencer* es lo suficientemente serio y profesional y de que seguirá resultando relevante para la marca una vez que el producto salga a la venta.

Ocasiones en las que puede resultar útil trabajar una colaboración con un *talent*:

- Para reforzar la conexión existente en la mente del consumidor entre la marca y la figura del *influencer*.
- Para aportar un beneficio económico a un *influencer* que nos interesa especialmente, cuidarlo y hacerlo sentir respetado, también en su vertiente creativa.
- Para aportar un valor diferencial al producto, cuando se trata de un *talent* artista o que puede aportar valor gráfico.
- Para hacernos con un *influencer* con el que muchas marcas quieren trabajar, cuando nosotros tengamos el potencial para producir una colección de productos y otras marcas, no.

Técnica 10: otras acciones

Además, podemos realizar otros tipos de acciones con *influencers.* Tantas como nuestra creatividad y nuestro presupuesto nos permitan. Cualquier acción en la que un *influencer* se vea involucrado en la promoción de una marca es competencia de los relaciones públicas, puesto que los *influencers* actúan como intermediarios que avalan a la marca.

En ese sentido, podemos encontrarnos con acciones híbridas entre la publicidad y las relaciones públicas como: la creación de contenido con el *influencer* para nuestras propias plataformas (medios propios) o campañas de publicidad *(paid media);*

la utilización de nuestros *influencers* o embajadores de marca como reclamo para salir en medios de comunicación; o la realización de acciones completamente novedosas que partan, por ejemplo, de una sugerencia del propio *influencer.*

Cuando planteemos acciones nuevas, es fundamental asegurarse de que lo que estamos haciendo es legal. El trabajo con *influencers* es un terreno pantanoso en ese sentido, dado que los gobiernos de los diferentes países llevan varios años tratando de legislarlo y los cambios en la regulación son constantes. En líneas generales, la primera obligación legal a la que tenemos que atender cuando trabajamos con *influencers* es la de no incurrir en publicidad encubierta. Es necesario que el *influencer* identifique que se trata de contenido publicitario, es necesario que se identifique de manera fácilmente visible e inequívoca y es necesario que se identifique al anunciante.

La mayor parte de las plataformas de redes sociales han desarrollado durante los últimos años mecanismos propios disponibles para cumplir con este requisito. No obstante, si la plataforma en la que se publica el contenido no cumple con los requisitos, el *influencer* debe aclarar que se trata de publicidad en la propia publicación, incluyendo «#Publicidad» al inicio del texto de la publicación. En casos de formatos sin *copy,* o en los que el texto de la publicación es poco visible, como Instagram Stories o YouTube, debe indicarse esta información sobre la propia imagen. Además, cuando se pueda, resulta recomendable indicar el tipo de acción que se está trabajando.

Debe considerarse también que algunos *influencers* (no todos, por supuesto) incurren en pequeñas infracciones de manera recurrente, ya que para los espectadores no siempre es fácil identificar y probar el desarrollo de publicidad encubierta. Como marca debemos saber que, en caso de que el *influencer* no cumpla con los requisitos previamente listados de la manera correcta, la responsabilidad recaería tanto en él como en la marca comunicada.

La segunda obligación legal tiene que ver con el aspecto económico y la consideración del *influencer* como un trabajador autónomo, que recibe un pago a cambio de la actividad realizada para una empresa. Los *influencers* deben:

- Estar dados de alta en Hacienda y declarar sus ingresos.
- En el Régimen de Autónomos de la Tesorería General de la Seguridad Social.
- En el IAE (Impuesto sobre Actividades Económicas) para poder emitir facturas.

De lo contrario, las acciones que realicemos con ellos, especialmente las remuneradas, pueden generar problemas para ambas partes. Incluso «si la compensación percibida es únicamente en forma de regalos, su entrega se considera renta en especie, y estaría sujeta a tributación, valorándose según el valor de mercado del producto» (García, 2018, párr. 11).

Además, formalizar un contrato con el *influencer* puede ser de ayuda a la hora de evitar problemas legales y conflictos entre las partes. El contrato permite definir claramente las obligaciones de los implicados en la acción y acordar mutuamente la responsabilidad legal de cada parte con respecto a la actuación de la otra parte. También sirve para dejar constancia del tipo de publicidad trabajada y marcar por escrito el importe de la retribución, tanto económica como en especie.

Además de protegernos ante posibles problemas legales, el contrato también nos permite tener el control de la acción publicitaria y poder reclamar al *influencer* en situaciones de conflicto. Resulta, por ejemplo, relativamente habitual que, tras una colaboración, el *influencer* quede insatisfecho con la marca. En esos casos es fundamental protegernos ante posibles difamaciones o divulgaciones de información confidencial incluyendo en el contrato cláusulas de confidencialidad que eviten que el *influencer* comparta públicamente los detalles de la relación.

De tal forma, y de manera orientativa, se propone desde aquí que un contrato entre *influencer* y marca recoja los siguientes contenidos:

- Acciones que incluye la colaboración.

- Sistema de aprobación de los contenidos publicados.

- Compatibilidad de trabajo con la competencia en el periodo de la colaboración o el inmediatamente posterior.

- Obligación de facilitar datos.

- Obligación de mantener publicado el post durante un tiempo determinado.

- El posible compromiso de alcanzar un cierto dato por parte del *influencer.*

- La cláusula de confidencialidad.

- La cesión de derechos.

- El funcionamiento legal de la colaboración y el reparto de responsabilidades y obligaciones.

El trabajo con otras empresas

En las relaciones públicas con medios de comunicación o *influencers,* el objetivo principal es moldear la opinión pública acerca de nuestra marca, empresa o producto. Sin embargo, en las relaciones públicas con otras empresas solemos perseguir la consecución directa de objetivos empresariales, trabajando con realidades que escapan a lo puramente comunicativo y que tienen más relación con el negocio. Por ejemplo: aumentar nuestra cuota de mercado, frenar o impulsar leyes, establecer asociaciones de negocio, conseguir financiación o aumentar nuestra red de distribución.

Puesto que en las relaciones públicas con otras empresas los objetivos son diferentes, cambia la concepción teórica y técnica de la relación, cambia la forma de trabajo e, incluso, cambian las personas encargadas de trabajarlas. Así pues, en este trabajo el relaciones públicas acompañará al alto cargo, al responsable de ventas o a los departamentos de *trade marketing,* con los que colaborará en el diseño de las estrategias. En muchos casos el rol del relaciones públicas en estas estrategias se limitará a valorar si resulta conveniente o no dar a conocer la relación y, en el caso de que se decida que sí, cómo se hará.

Este tipo de relaciones públicas se trabajan habitualmente con otras empresas privadas, así como con el gobierno, las instituciones y la empresa pública. El objetivo principal suele ser aprovechar la credibilidad, calado o popularidad de la otra empresa para que nos certifique o apoye. En ese sentido, su prestigio nos respalda.

Alternativamente, también pueden trabajarse estrategias con otras organizaciones cuando existe una posibilidad de hacer fuerza común por un objetivo compartido, ya sea para impactar sobre la opinión pública o con otros fines, como la persecución de objetivos de negocio.

7.1. Las relaciones con otras empresas privadas

Las empresas privadas con las que más a menudo suelen trabajarse las relaciones públicas son los proveedores y clientes, las empresas afines o de sectores complementarios y, quizá con menos asiduidad, las empresas de nuestro mismo sector o de la competencia.

A. PROVEEDORES Y CLIENTES

El primer tipo de empresas privadas con las que una entidad puede trabajar sus relaciones públicas son los proveedores y clientes. Este tipo de acciones y relaciones son especialmente relevantes para empresas intermediarias, puntos de venta multimarca o entidades cuya actividad empresarial principal no se sustenta en la comercialización de productos de fabricación propia. Por ejemplo, supermercados, librerías, tiendas de ropa, belleza, perfumería o tecnología, como El Corte Inglés, Foot Lock-er, Fnac o Sephora.

Un negocio de este tipo, como cualquier otro, necesita generar deseo y atracción en torno a los productos que vende. Sin embargo, sus productos no son producidos por ellos mismos y pertenecen a otras marcas. Esto entraña dificultades adicionales para la comunicación y la consecución de objetivos de negocio, dado que los productos promocionados pueden adquirirse en una multitud de puntos de venta diferentes.

Por lo tanto, este tipo de negocios tienen que presionar para conseguir dos objetivos: en primer lugar, deben generar deseo hacia el producto y, en segundo, deben conseguir que el producto se adquiera en su punto de venta y no en otro.

Por ese motivo, a los puntos de venta multimarca les interesa trabajar en colaboración con sus proveedores. A las marcas proveedoras que distribuyen su producto en estos puntos de venta también les resulta útil aprovechar la comunicación realizada por sus clientes multimarca para maximizar su visibilidad y notoriedad.

> **Desde la marca proveedora suele trabajarse con el cliente multimarca:**
>
> - Facilitando materiales visuales e imágenes de campaña para que se instalen en el punto de venta físico.
> - Asegurando la correcta implementación de los silos y el diseño de las áreas de marca.
> - Potenciando que publiquen en sus redes sociales, por ejemplo, a través de envíos de *roll outs* en los que se sugieren publicaciones con su *copy* y su imagen previamente preparada por la marca.
> - Trabajando promociones cruzadas.
> - Desarrollando campañas o eventos conjuntos.
> - Asegurando acciones, productos o colores exclusivos.

Lo importante aquí es saber que dar a conocer la relación entre un proveedor y un cliente, por diferentes vías, puede ser muy útil a todos los niveles. Para una marca de nueva creación, poder vender en El Corte Inglés supone un aval de calidad ante consumidores que no nos conocen, aparecer en sus redes sociales puede ayudar a dar a conocer la marca y diseñar efectivamente el punto de venta puede impulsar el negocio.

Para una empresa de cualquier tipo, poder anunciar que cuenta con los mejores proveedores para la fabricación de su producto o que vende un producto exclusivo también construye reputación.

Así pues, a pesar de que existen multitud de departamentos de la organización que pueden influir en la comunicación entre empresas, por ejemplo, el de ventas, es importante que desde el departamento de relaciones públicas se dediquen esfuerzos periódicos a tratar de potenciar las apariciones en sus espacios.

B. EMPRESAS AFINES Y COMPLEMENTARIAS

Algo similar sucede con las empresas de sectores complementarios, las cuales, si bien no tienen una relación directa proveedor-cliente, ofrecen productos que requieren de otros productos para su correcto funcionamiento. Por ejemplo, serían empresas de sectores complementarios las que ofertan pasta de dientes y las que venden cepillos de dientes. También las que comercializan brochas y rodillos con respecto a las de pintura o los talleres mecánicos con respecto a las empresas automovilísticas.

Es recomendable investigar a las empresas de sectores complementarios para poder establecer relación y trabajar por un crecimiento paralelo de nuestros sectores y un aval mutuo entre nuestras marcas. Es lo que vienen realizando durante años, por ejemplo, Balay y Calgón.

En este tipo de relaciones públicas, aunque se pretenda que el consumidor final perciba esa asociación, es imprescindible considerar a la otra empresa como uno de nuestros públicos principales, ante el cual tenemos que presentarnos, cuya confianza tenemos que ganar y al que tenemos que seducir y persuadir para que una su destino al nuestro.

Además de las empresas de sectores complementarios, también resulta interesante investigar si existen empresas que puedan ser afines a la nuestra por cualquier motivo. Es decir, empresas de sectores que no están conectados al nuestro, pero con las que nos unen lazos comunes como un mismo público objetivo, unos valores empresariales compatibles, una misma nacionalidad, una personalidad empresarial similar u otros factores definitorios de la actividad comercial.

Entre nuestras empresas afines, podemos encontrar empresas de nuestro mismo sector o empresas de otros sectores. Dependerá de cada marca –y de su relación con su competencia directa– decidir acerca de la idoneidad de colaborar con marcas de su mismo sector.

Una manera común de trabajar con empresas afines o de sectores complementarios es establecer relaciones entre los departamentos de producto de ambas empresas para que una de las marcas ponga a la venta productos que incluyen la propiedad intelectual de la otra marca. Para esto, debe formalizarse un acuerdo de negocio que asegure que se genera beneficio para ambas partes. Una fórmula es la del acuerdo de licencia.

El hecho de que el resultado físico de la colaboración establecida con la otra empresa sea un producto no desliga la acción del campo de las relaciones públicas. En ese sentido, aunque el resultado sea un producto o una campaña de publicidad, son las relaciones públicas las que han permitido llevar a cabo esa acción híbrida. Podemos también entender que la publicidad de una marca o el producto de una marca suponen un medio ganado para la otra marca cuando logra colarse en ellos.

A pesar de esto, siempre que se realicen este tipo de acciones hay que involucrar en el proceso a los altos cargos de la organización y a los departamentos de diseño de producto y *marketing* de producto. Son ellos los encargados de decidir si merece la pena producir algo nuevo, o no, y de qué forma.

C. EMPRESAS DEL MISMO SECTOR

Por otra parte, en ocasiones detectamos posibles amenazas, peligros o situaciones socioeconómicas que afectan a nuestro sector de actividad y sobre las que nos gustaría influir. Las empresas suelen asociarse con otras empresas de su mismo sector, e incluso de su competencia directa, con el objetivo de frenar esas amenazas comunes o crear oportunidades que beneficien el crecimiento de su sector de actividad.

Podemos detectar y evaluar dichos riesgos a través de una técnica de investigación conocida como *environmental monitor -ing* o monitoreo del entorno (De Durán, 2014: 7). El monitoreo del entorno es un proceso que trata de identificar tendencias que puedan tener un impacto en la organización, definir sus implicaciones y desarrollar planes que den la respuesta más adecuada para la organización. Esto supone adoptar un rol activo y no reactivo ante tendencias emergentes y puede recaer sobre diferentes personas en cada organización (De Durán, 2014).

Una vez detectado el riesgo, las empresas pueden coordinarse a través de las asociaciones o agrupaciones que existen en su sector y realizar tareas de *lobbying* para tratar de mejorar su situación.

Hablamos de *lobbying* cuando una empresa o un grupo de empresas trata de influir sobre los gobiernos y sus instituciones con el objetivo de influir a su vez en las decisiones políticas de los funcionarios gubernamentales y legisladores potenciando una actuación que beneficie sus intereses particulares. Aunque encaja en la definición técnica de las relaciones públicas, es una práctica que suele recaer en los altos cargos.

Además, no está al alcance de todas las empresas, motivo por el que las más pequeñas pueden optar por unirse a asociaciones o colaborar con otras empresas de su mismo sector cuando detectan la necesidad de interpelar al gobierno nacional, autonómico o local.

El término *lobbying* arrastra connotaciones negativas, por su cercanía con la corrupción política y porque, cuando las empresas tienen éxito, les permite manejar la sociedad. Sin embargo, el desarrollo de estrategias de *lobbying* no es ilegal. Las empresas pueden, por ejemplo, dirigir al Parlamento Europeo una carta que explique las desventajas económicas de una decisión que este ha tomado. Al recibir la carta, el Parlamento Europeo puede ignorarla o tenerla en consideración. Todo este proceso sería perfectamente legal.

7.2. Las relaciones con instituciones, gobiernos y empresas públicas

Así pues, la primera vía de relación de la empresa privada con las instituciones gubernamentales sería a través del *lobbying*. No obstante, que sea la primera no quiere decir que sea la única. Cuando empresa y país trabajan juntos, los gobiernos y organizaciones privadas pueden llevar a cabo acciones conjuntas con el objetivo de mejorar la situación del país y de la empresa a un mismo tiempo. Tal como indica Castillo-Esparcia (2010: 186):

> Las Relaciones Públicas internacionales pueden ser realizadas por entidades públicas y privadas. En muchas ocasiones, las acciones se realizan conjuntamente ya que unas y otras pueden ser ayudadas tanto por una entidad pública como privada. Así, existen empresas que requieren el apoyo de instancias públicas para conseguir todo tipo de soporte en contactos internacionales en los que compiten con empresas de otros países.

- Una empresa, o grupo de empresas, puede tratar de desarrollar acciones orientadas a convencer a los gobiernos de que implementen, frenen o modifiquen una medida que les afecta.
- El gobierno y la empresa pueden trabajar juntos para mejorar la «marca» de ese país y el valor percibido asociado a los productos que proceden de él.

A su vez, los países desarrollan estrategias de *soft power* a través de la popularización internacional de sus empresas y productos, los cuales, a cierto nivel, representan los valores culturales de ese país y los popularizan en otros países.

Debe entenderse aquí el *soft power* como un contrario y opuesto del *hard power*. Mientras el *hard power* sería el ejercicio del dominio de un país sobre otros a través de la fuerza bruta, el *soft power* consiste en establecer influencia sobre otros territorios a través de una promoción de los valores y formas de ser y consumir característicos de un país. Es decir, conseguir que un país guste en otros y promocionar su modo de vida para ganar influencia política, así como crecimiento económico.

Durante varios siglos, Francia ha exportado su visión del mundo a otros países a través de empresas de moda, de arte, de joyería o de productos gastronómicos. Durante las últimas décadas, los Estados Unidos de América han logado implantar su cultura en casi todos los países occidentales a través de estrategias de *soft power* que popularizan sus películas, sus series, su música, su comida, su tecnología o sus vehículos. Esto no solo aumenta el poder económico del país, su riqueza y su PIB, sino que ayuda a implantar su modo de vida en otros países, reforzando su influencia ideológica.

En la actualidad, un país que está desarrollando estrategias de *soft power* de forma abierta y efectiva es Corea del Sur, a través de las subvenciones gubernamentales otorgadas a empresas de productos cosméticos y maquillaje, así como de la popularización del cine coreano, los k-dramas, el k-pop, su tecnología, sus automóviles, sus productos gastronómicos, etc.

Este tipo de estrategias funcionan porque, si colocamos los valores de un país como deseables, los productos que dicho país exporta a nivel internacional aumentan de valor percibido. Esto sucede mucho, por ejemplo, con los productos franceses o italianos.

Por el contrario, que la imagen que un país proyecta no resulte deseable para la comunidad internacional o aporte poca confianza puede dañar el potencial comercial internacional de las empresas de dicho país, como sucede actualmente con China.

Queda claro, pues, que trabajar en colaboración con las instituciones públicas, así como con otras empresas privadas, puede resultar beneficioso a largo plazo para las organizaciones, específicamente desde el punto de vista del negocio.

Sin embargo, no siempre resultará de nuestro interés que la audiencia final sea consciente de la estrategia que está implementando la organización. En dicho sentido, cabe cerrar este texto reflexionando sobre la naturaleza de las relaciones públicas.

Este manual comenzaba contextualizándolas y explicando su función, para lo que se ha explicado que, en esencia, las relaciones públicas son las encargadas de controlar la imagen pública de la organización. Para ello emitían comunicaciones que debían alcanzar a la audiencia a través de intermediarios que gustaban a esta audiencia y que podían influir sobre ella.

En el caso de las relaciones públicas que afectan a las instituciones públicas y a los gobiernos, el trabajo del relaciones públicas puede ser precisamente el de tratar de evitar que ciertas informaciones dañinas se filtren o, alternativamente, de influir sobre cómo se presentan.

Referencias bibliográficas

Caldevilla-Domínguez, D.; Barrientos-Báez, A. y Fombona-Cadavieco, J. (2020): «Evolución de las Relaciones Públicas en España» (artículo de revisión). *Profesional de la información,* n.º 29 (3). Recuperado de: <https://doi.org/10.3145/epi.2020.may.05>.

Castillo-Esparcia, A. (2010): *Introducción a las Relaciones Públicas,* Málaga, Instituto de Investigación en Relaciones Públicas.

De Durán, A. (2014): *Planificación estratégica de las Relaciones Públicas,* Madrid, Universidad Rey Juan Carlos.

Fanjul, C. (2019): *Piezas clave de la Publicidad y las Relaciones Públicas,* Castellón, Universitat Jaume I, Servei de Comunicació i Publicacions.

García, A. (2018): «Así debes declarar tus ingresos en España si eres influencer». *El Periódico,* 4 de diciembre. Recuperado de: <https://www.elperiodico.com/es/economia/20181204/influencers-declarar-ingresos-tributacion-impuestos-7184370>.

Lesly, P. (1981): *Nuevo manual de relaciones públicas,* Barcelona, Martínez Roca.

Marston, E. (1963): *The nature of Public Relations,* Nueva York, McGraw-Hill.

Otero Alvarado, M. T. y Pulido Polo, M. (2018): *Planificación y técnicas de relaciones públicas,* Madrid, Síntesis.

Portugal, M. C. (2019): *Libro de estilo del protocolo oficial y las relaciones institucionales,* Barcelona, Editorial UOC.

Wilcox, D. y Cameron, C. (2014): *Public Relations: Strategies and Tactics,* Boston, Allyn & Bacon.

¡Sssssshhhhhhhhhhh!

Haz del teatro algo íntimo

Llévalo siempre en el bolsillo

Cubierta y diseño editorial: Éride, Diseño Gráfico
Dirección editorial: ángel jiménez
Dirección de la colección: Ramón Paso
Maquetación: Ana Azorín

Primera edición: octubre, 2025

Frankenstein (Presumption or The Fate of Frankenstein)
Richard B. Peake
© De la versión al español: Ramón Paso
© De la traducción: Sandra Pedraz Decker
© Del prólogo: Ramón Paso
© VdB, 2025
Espronceda, 5
28003 Madrid

VdB®

ISBN: 979-13-87644-53-6
Depósito Legal: M-22496-2025
Diseño y preimpresión: Éride, Diseño Gráfico

Este libro protege el entorno

FRANKENSTEIN

(PRESUMPTION OR THE FATE OF FRANKENSTEIN)

De Richard B. Peake
basada en la novela
de
Mary Shelley

Versión al español de
Ramón Paso

Traducción de Sandra Pedraz Decker

Richard B. Peake
(1792 - 1847)

Dramaturgo de principios del siglo XIX, recordado hoy en día por su obra de 1823 *Presunción; o el destino de Frankenstein*, basada en la novela *Frankenstein* de Mary Shelley. Fue Peake, no Shelley, quien escribió la famosa frase «¡Vive!».

Hijo de Richard Peake, recibió su nombre en honor al dramaturgo Richard Brinsley Sheridan, amigo de su padre. De 1809 a 1817, Peake fue aprendiz del grabador James Heath. Al dejar el empleo de Heath en 1817, Peake comenzó a escribir para el teatro; su primera obra fue *El puente que nos lleva a salvo*, representada en la English Opera House en 1817, a la que pronto le siguió una farsa, *Se busca institutriz*.

Su obra de 1823, *Presunción; o el destino de Frankenstein*, fue vista por Mary Shelley y su padre, William Godwin, el 29 de agosto de 1823 en la Ópera Inglesa, poco después de su regreso a Inglaterra. Shelley aprobó la forma en que la Criatura, interpretada por T. P. Cooke, se representaba mediante una serie de guiones en la publicidad.

Desde noviembre de 1839 hasta principios de la década de 1840, Peake escribió numerosos artículos para revistas y otras obras literarias. Su comedia *The Title Deeds*, estrenada en junio de 1847 en el Teatro Adelphi, fue probablemente su última obra. Desde 1832 hasta su muerte, Peake fue tesorero del Teatro Lyceum de Londres.

Mary Shelley
(1797 - 1851)

Escritora, dramaturga, ensayista y biógrafa británica, conocida principalmente por ser la autora de la novela gótica *Frankenstein o el moderno Prometeo* (1818), considerada la primera novela de ciencia ficción moderna y que logra inaugurar el género. También editó y promocionó las obras de su esposo, el poeta y filósofo romántico Percy Bysshe Shelley. Su padre fue el filósofo político William Godwin y su madre la filósofa Mary Wollstonecraft, escritora del libro fundacional del feminismo *La vindicación de los derechos de la Mujer*.

Escribió otras cuatro novelas, varios libros de viajes, relatos y poemas. Su novela *El último hombre*, considerada lo mejor de su producción, narra la futura destrucción de la raza humana por una terrible plaga. *Lodore* es una autobiografía novelada. Además, escribió biografías de personajes de España, Portugal y Francia.

Tras la muerte de su esposo, en 1822, Mary se dedicó a difundir la obra del poeta. Publicó así sus *Poemas póstumos* y editó sus *Obras poéticas* (1839) con valiosas y detalladas notas.

Mary Shelley falleció en Londres a causa de un tumor cerebral mientras dormía, el 1 de febrero de 1851. Su última voluntad fue ser enterrada junto a sus padres. Descansan en el cementerio de St Peter, Bournemouth.

Ramón Paso
(Madrid, 1976)

Dramaturgo, guionista y director de escena. Nieto de Alfonso Paso y bisnieto de Enrique Jardiel Poncela.

Cuenta a sus espaldas con más de cincuenta montajes teatrales, tanto como dramaturgo, director de escena o en ambas funciones, entre los que podemos destacar títulos como *El reencuentro, El mensaje, Dos locas de remate, La importancia de llamarse Ernesto, Usted tiene ojos de mujer fatal... en la radio, Otelo a juicio, Blablacoche, Papá es Peter Pan y lo tengo que matar, La ramera de Babilonia, Drácula. Biografía NO autorizada, Lo que mamá nos ha dejado, El secreto, Huevos con amor, Jardiel enamorado* o el musical *Desencantadas*. Por otro lado es responsable de las últimas versiones estrenadas de *Eloísa está debajo de un almendro* de Jardiel Poncela, *Otra vuelta de tuerca* de Henry James, *Sueño de una noche de verano* de William Shakespeare o *Tragedia española* de Thomas Kyd.

Además, ha trabajado como guionista de televisión para algunas de las más importantes productoras audiovisuales del país.

Desde 2016 hasta 2018 trabajó en el Centro Dramático Nacional como asesor de dramaturgia, bajo las órdenes de Ernesto Caballero.

Richard B. Peake

FRANKENSTEIN
(PRESUMPTION OR THE FATE OF FRANKENSTEIN)

basada en la novela
de
Mary Shelley

Versión al español de
Ramón Paso

La siguiente adaptación teatral de *Frankenstein* de Mary Shelley
se estrenó en 1823 en el Lyceum Theatre de Londres
con el siguiente reparto, por orden de intervención,
Fritz (Mr. Keeley), **Clerval** (Mr. Bland), **Frankenstein** (Mr. Wallack),
Elizabeth (Mrs. Austin), **Madame Ninon** (Mrs. T. Weippert),
William (Master Boden), **Safie** (Miss Povey),
Guía (Mr. R. Phillips / Mr. T.P. Cooke),
Monstruo (Mr. T.P. Cooke), **Tanskin** (Mr. Shield),
Hammerpan (Mr. Salter), **Agatha** (Miss L. Dance),
Felix de Lacey (Mr. Pearman) y **Mr. de Lacey** (Mr. Rowbotham).

Gitanos, campesinos, coristas y bailarines.

UNA CHICA LLAMADA MARY SHELLEY

La novela de Mary Shelley es una de las grandes historias de la Humanidad. Igual que Melville quiso matar a Dios en la figura de la horrenda ballena blanca, Mary Shelley convierte a su Frankenstein en un desconsiderado demiurgo que, como si de un moderno Prometeo —subtítulo de la novela— se tratase, reta a los dioses, ¡a Dios!, robándole el fuego y ocupando su puesto como creador, para traer, desde el infierno de la Ciencia, a su propio hijo. Un hijo torpe, inexperto, aterrador en sus formas, extraño y por el que el ser humano no logra sentir piedad. La obsesión de Frankenstein por evitar la muerte a cualquier precio se convierte en un acto de irresponsabilidad y egolatría. ¿Tener un gran poder otorga necesariamente el derecho a hacer uso de él? El joven doctor Frankenstein diría que la única responsabilidad del demiurgo, enajenado y loco de obsesión, es cabalgar la llama de la creación hasta el final último de los tiempos.

Traer la vida a una criatura desde la nada es uno de los secretos sueños que se han apoderado de la cabeza del hombre desde el principio de las cosas. Autómatas, homúnculos, el gólem —para mí el más digno de los antecesores de la criatura de Frankenstein, que cobraba vida al grabar en su frente la palabra hebrea EMET para volver a la inmovilidad solo borrando la letra E, lo que convierte EMET, verdad, en MET, muerte— después el ordenador, el androide, la clonación y ahora, por fin, el más torpe de todos los intentos de imitar a Dios extrayendo vida del barro primigenio: inteligencia artificial. De cuantos parientes creados o imaginados de Frankenstein, el más pueril y ridículo es la IA. Cuando Prometeo robó el fuego, lo robó llameantemente vivo, exultante; cuando Eva mordió la manzana, lo hizo con hermosa voluptuosidad de vida en sus labios. El robot ése es solo una cosa que acumula información, conocimiento, y luego cruza los datos. Esta mierda ya la utilizaba Batman, y su IA, por lo menos, tenía lucecitas. El robot solo es un lorito tonto que repite lo que le pide su amo.

Igual que el gólem hebreo recibe forma de la arcilla bíblica en la tradición religiosa, la criatura de Frankenstein nace de la carne material y la electricidad, grandes comadronas de la ciencia como religión. Y así, la criatura de Frankenstein, hijo de Mary, toca la flauta de oído y se embelesa con las creaciones que de ella emanan, y se sumerge, ebrio, en la fantasía del amor y el odio; ser humano. Mary, hija de Dios, escribe y crea, mientras sueña con el joven Frankenstein, que sueña con dar vida a lo inanimado, ¡la criatura!; y Dios, que los sueña a todos, se fascina viéndose a sí mismo como parte del trío de amantes incestuosos, rodeados de las leches del amor y el odio, las cuales nunca podrán saciar a ninguno... pues la creación, como Dios, no tiene ni principio ni fin... Y ese trío, furiosamente carnal, Dios que crea a Mary, que crea a Frankenstein, se entrelaza en un nudo gordiano, que solo se deshace con la llegada a la imprenta de la criatura, hijo bastardo de Dios, Mary y Frankenstein. ¿Cómo iba a aceptar la Humanidad a alguien de tan sagrado linaje?

El crear es inherente a la condición mortal del ser humano. Los favorecidos por las luces francesas de la Ilustración o por la inspiración de Dios, crean comedias, ballets, óperas, poemas plásticos, novelas, pinturas, sinfonías, imaginan catedrales, ciudades, ¡un jardín!, descubren vacunas, antibióticos, curas para enfermedades... y así, con voluntad, audacia y trabajo, acceden a la inmortalidad. Trascienden. Victor Hugo, Shelley, Béjart, Mozart, Callas, Jesucristo, César, Einstein, Wilder, Juana de Arco, Dumas, Marilyn, Wilde, Shakespeare, Toro Sentado, Buda, Isadora Duncan, Duchamp, Colette, Wagner... Y se convierten en inmortales. Seres humanos perfectos y eternos, dorados por el polvo de estrellas del para siempre.

El gólem y Frankenstein son dos genialidades, donde se unen la vida, la muerte y la verdad. Mary Shelley descubrió la fórmula alquímica secreta para susurrarle algo eterno al oído de la Humanidad. Os gustaría trascender, pero la trascendencia requiere voluntad y responsabilidad. Y la Humanidad le devuelve el regalo disfrazándola de triste ídolo feminivíctima, emparedada entre la influencia de su marido, el poeta, y su padre, el anarquista, y, por encima de todos, la sombra ominosa de Lord Byron. Pues no, pijitos wokistas, que todo lo cortáis por vuestra flácida y quejumbrosa vara de medir, donde las mujeres tienen que elegir entre ser víctimas, agredidas, lesbianas, colaboracionistas del falo o manipuladas por los hombres, en general. Leed libros. No, wokis, no. Como en todo lo demás, os equivocáis. Mary Shelley fue efervescentemente libre, y se atrevió a plantar el coño en la Historia, y no pidió permiso a nadie, ni exigió ayudas ni prebendas bastardas... Se limitó a plantarlo en mitad del mundo de los hombres y los perros, lo llamó Frankenstein. Y, hoy por hoy, aquí sigue.

Oh, Mary, creadora, madre de pesadillas, yo te saludo, humilde, postrado a tus pies.

La señora Shelley escribió *Frankenstein o el Moderno Prometeo* en 1817 y la publicó en 1818. En 1823, el señor Richard B. Peake decidió componer la versión teatral de *Frankenstein*, que llevó por título *Presumption; or the Fate of Frankenstein*. En la obra de teatro hay canciones, amores perdidos, un viejo ciego e incluso un personaje de gran hilaridad, Fritz. El argumento es un brillante resumen de una novela magnífica, con momentos de aguda sensibilidad y crudeza; mi favorito, cuando el monstruo se postra arrodillado a los pies de su creador, en la cabaña de los de Lacey, suplicando protección. En la obra del señor Peake la obsesión de Frankenstein se plasma carnal, voluptuosa e inmunda, humana, desdichadamente humana. Cualquiera que haya sentido el cosquilleo de la ambición y la obsesión en su alma, se sentirá reconocido en esta historia sobre un hombre que quiso ser Dios solo para vivir su propia caída a los Infiernos. Richard comprendió a Mary con acerado instinto de teatrero —no en vano suya es la frase ¡está vivo!— y ella le premió con astucia de genio letrado, asistiendo a la representación de *Frankenstein* del 29 de agosto de 1823 en la English Opera House, felicitándole con largura por la obra e, incluso, haciendo un aparte para halagar la interpretación del papel de la criatura por parte del actor T.P. Cooke. Ese mismo día de comunión de creadores, el papi de Shelley, el anarquista, vio la oportunidad económica en el éxito de la pieza teatral, y mandó hacer una nueva edición en dos volúmenes de la obra de su hija... con la inclusión del personaje cómico Fritz, creado por Peake. Anarquista.

Cada uno busca la inmortalidad como le corresponde, pero solo los mejores lo consiguen. ¡Larga vida a Mary, Frankenstein y Richard!

Ramón Paso.

Personajes

Por orden de intervención

Fritz
Clerval
Frankenstein
Elizabeth
Madame Ninon
William
Safie
Guía
Monstruo
Tanskin
Hammerpan
Agatha
Felix de Lacey
Mr. de Lacey

(Gitanos, campesinos, coristas y bailarines).

Ginebra y sus alrededores.

ACTO PRIMERO

Escena I

*Un aposento gótico en la casa de **Frankenstein**.*
***Fritz** se encuentra en un sillón, dando cabezadas.*
Mientras suena la música, se sobresalta, se frota
los ojos y se levanta.

Canción #1

Fritz   ¡Oh, pobre de mí! Siento la amenaza.
Me estremezco ante cualquier sonido.
Hasta los huesos,
me siento aterrado.
Tengo las nueces
completamente heladas.
¡Oh, pobre de mí! Siento la amenaza.
Si los ratones chillan o un gato estornuda,
entonces se me empapa
la espalda de sudor congelado.
Cualquier ruido tensa mis nervios.
Pobre corazón, ¡que el cielo nos ampare!
Me siento tan nervioso
que un pequeño golpe
es una conmoción.

¡Oh, pobre de mí! Siento la amenaza.
Siento la amenaza...
La amenaza...
La amenaza
del destino.

(**Fritz** *vuelve en sí.*)

¡Oh, Fritz, Fritz, Fritz! ¿Qué es lo que te ocurre? Estás aterrado, fuera de tus cabales. ¡¿Por qué abandonaste tu pueblo natal?! ¿Por qué no podías ser feliz en el campo, con tu buena vaca, inocente de toda ambición, como compañía, ¡bendito sea su dulce aliento!, en lugar de venir a Ginebra para trabajar como sirviente? (*Se sobresalta.*) ¿Qué es eso? ¿Qué ocurre? Nada. Estoy desquiciado. Descansa, reponte, ¡pobre Fritz! ¡¿En qué condenado momento se te ocurrió venir a Ginebra?! ¡Y qué amable fue el amo conmigo! ¡Qué amable! ¡El amo solo me contrató porque creyó que tengo pinta de estúpido! ¡Estúpido! (*Riendo.*) Eh, y estoy pensando, ¿tal vez lo sea? (*Piensa.*) No. Mi madre, que en paz descanse, no crio a ningún estúpido. No, Fritz, recompONte. Estoy seguro de que el señor Frankenstein es un hombre amable, y le respeto, pero también creo que mantiene conversaciones con alguien de ahí abajo, alguien que tiene una larga cola, cuernos, pezuñas, y no debe ser nombrado. (*Se sobresalta de nuevo.*) ¡¿Qué es eso?! ¡Oh, un mosquito en mi nariz! Me asusto por cualquier cosa, ¡estoy tan nervioso! ¡Pero si hasta derramo la maldita leche cuando desayuno!

Y luego me paso toda la mañana famélico. Antes, en el campo, si un perro rebuznaba o un burro ladraba, aunque fuese muy alto, no tenía ningún efecto sobre mí. *(Suenan dos golpes,* **Fritz** *se sobresalta.)* ¡Oh, piedad! ¡Salto como un gusano fuera del queso! ¡Cómo late mi corazón!

Clerval   ¡Fritz, Fritz! ¡Abre la puerta, Fritz!

Fritz   Es solo el señor Clerval, amigo del amo, que se va a casar con la señorita Elizabeth, hermana del amo. Un hombre muy amable también.

Clerval   ¡Maldita sea tu sombra! ¡Abre de una vez, desgraciado!

Fritz   Bueno, no siempre es amable. (**Fritz** *abre una puerta lateral.)* ¿Cómo está, señor?

(Sale a escena **Clerval**.)

Clerval   Buenos días, Fritz. ¿Está el señor Frankenstein visible?

Fritz   Sí, señor. Sigue trabajando. Ha pasado toda la noche en el laboratorio. No me he atrevido a molestarle. Ya sabe cómo se pone el señor cuando se le molesta. Aunque tengo la cabeza dura le aseguro al señor que las tortas solo me gustan con canela y vino caliente.

Clerval   El señor Frankenstein estudia con demasiada pasión.

Fritz ¿Y con qué propósito lo hace, señor Clerval? Trabajo, trabajo, trabajo, siempre trabajo. Cuando estaba en el campo, con mi vaca lechera, ¡pobrecilla!, ¡cómo la echo de menos!, si me hubiera sentado y la hubiera ordeñado durante una quincena, día y noche, sin parar, ¿cree usted que habría sido mejor persona por eso? Le pregunto como un niño a un caballero.

Clerval (*Riendo.*) ¡Ciertamente, no!

Fritz ¡Se me habría secado la vaca! ¡Pobre criatura! (*Se frota los ojos.*) Disculpe que llore, señor. Mi vaca ha fallecido, y siempre lloriqueo cuando pienso en ella. ¡Me siento tan solo!

Clerval ¿Y tu mujer, Fritz? Creo recordar que estabas casado.

Fritz Mi mujer vive lejos de aquí, sirviendo a la señorita Elizabeth, pero ella no me importa tanto. ¡Oh! Señor Clerval, entre nosotros... (*Escucha con atención.*) ¡Shhhh! ¿No ha oído un ruido?

(*Ambos hombres escuchan.*)

Clerval Pues no.

Fritz Necesito desahogarme con alguien de confianza.

Clerval ¡Sabes que puedes confiar en mí!

Fritz   Entre nosotros... No hay nadie escuchando detrás de la puerta, ¿verdad?

Clerval   No lo creo, Fritz. Exageras.

Fritz   Ya lo veremos, señor. Pasan cosas muy raras en este lugar apartado de la decencia y dejado de la mano de Dios. (*Cruza hacia la puerta. La abre de golpe.*) ¡No! No hay nadie. Señor Clerval, desde que me trasladé aquí para ayudar al señor Frankenstein, me siento inquieto... asustado...

Clerval   Te digo de nuevo que exageras, Fritz.

Fritz   No, no piense que exagero hasta que me haya escuchado. ¡Oh, señor Clerval! Déjeme que le cuente. Una noche el señor Frankenstein se permitió a sí mismo irse a la cama a una hora razonable. Estaba tan deteriorado por la fatiga y el estudio que no le dejé otra opción. Y así pude entrar en su habitación. Estaba dormido, pero terriblemente preocupado; gemía y gemía, sus dientes castañeteaban y mis cuatro pelos mal contados se ponían de punta. ¡Lo he conseguido!, gritaba como si hubiese enloquecido. ¡Conseguido! Sé que no tenía nada que ver conmigo, pero le escuché. Se levantó en sueños y, ¡aunque sus ojos estaban cerrados!, estalló en llantos. ¡Está vivo, se levanta, camina!, gritaba como si estuviese poseído. ¿Sabe lo que creo, señor Clerval? Mi amo, como antes hizo el doctor Fausto, está pactando con el diablo.

Clerval   Fritz, disculpa que te lo diga, pero eres un simple. Aleja esas torpes suposiciones de tu cabeza. No debes malinterpretar lo que tu señor dice cuando sueña. Todo eso del diablo no son más que supersticiones. ¿Es que tú nunca sueñas?

Fritz   (*Con tristeza.*) A veces sueño con mi vaca.

Clerval   Tu señor es un químico que estudia sin cesar. Lo cual, le honra. Mi amigo Frankenstein es, sin lugar a dudas, un hombre excepcional. Es normal que desvaríe en sueños. Ahí se mezclan verdad y deseo. Lo único que se le podría achacar, tal vez, si mis sospechas son correctas, es su trato con la ciencia prohibida conocida como Alquimia.

Fritz   Creo que ese trato culpable que usted sospecha es cierto. (*Pausa.*) Por cierto, señor Clerval, ¿qué es Alquimia?

Clerval   ¿No habla, en ocasiones, sobre el arte de fabricar oro?

Fritz   ¿Tiene al señor Frankenstein por un fabricante de monedas?

Clerval   ¿No le has escuchado, tal vez, mencionar el gran elixir que puede hacer al hombre inmortal?

Fritz   ¡Nunca en mi vida! Todas esas cosas que van contra las leyes de la Naturaleza y de Dios, ¿son esa alquimia de la que me hablaba?

Clerval   Eso es la Alquimia, pero me temo que seas demasiado simple para comprenderlo.

Fritz   No le falta razón, señor Clerval. No le falta.

Clerval   Bueno, ve y averigua si es posible que me reciba el señor. Asegúrale, Fritz, que no le entretendré demasiado. Solo serán unos pocos minutos. No está en mi ánimo interrumpir su labor, por extraña que me resulte.

(**Clerval** *cruza hacia la izquierda.*)

Fritz   Sí, señor. ¡Oh, ese laboratorio! ¡Tengo los dientes tan sueltos de tanto hacerlos castañetear, que creo que los voy a perder! ¡Cada vez que subo a ese lugar infernal mi cabeza se sacude como un cubilete de dados! (*Va hacia la derecha.*) ¡Oh, piedad! ¿Qué es eso? Dos ojos brillantes, ¡cómo relucen! ¡Ah! Solo es el gato bajando las escaleras. ¡Minino, minino, gatito! ¡Cómo me has asustado, animalito! ¡Deberías ser más considerado conmigo, al menos, ahora que estoy tan nervioso!

(**Fritz** *hace mutis hacia la derecha.*)

Clerval   Frankenstein, amigo de mi juventud, ¡qué extraordinarios y misteriosos son tus trabajos! ¡Y cómo te alteran el alma los descubrimientos que te brinda el estudio! ¡Qué insidioso dominio ha tomado la Filosofía sobre tu alma! Si bien siempre has sido entusiasta y de una ambición sin límites, en esta ocasión no puedo evitar temer por tu cordura. Sin embargo, Elizabeth —la preciosa Elizabeth, tu hermana— ¡qué diferencia en comparación! Todo el mundo la adora. ¡Qué afortunado me siento de ser el dueño de su corazón, de quien, ajena a su belleza, por su inocencia y candor, me ha robado la razón! ¡Oh, Elizabeth!

Canción #2

Antes de que el hechizo del amor poseyera mi
[corazón
y ordenara a mis suspiros que persiguieran a la
[ninfa,
tranquilo como el sueño feliz de un niño,
no conocía la angustia ni el miedo.
Pero condenado —¡ah! condenado al fin a
[lamentar—
¡qué tumultos surgieron en ese corazón!
Un océano tembloroso, salvaje y desgarrado
por tempestades vio turbado su profundo
[reposo.
Sin embargo, no debo culpar a la virgen,
como si ella deseara la desesperación de mi
[corazón.
¿Cómo podría la doncella sospechar de una
[llama,
que nunca supo que me consumía?

Aquí viene mi misterioso condiscípulo. (*Sale a escena* **Frankenstein**, *pensativo, desde la derecha,* *precedido de* **Fritz**, *que hace mutis por la izquierda.*) ¡Mi querido amigo!

Frankenstein   ¡Clerval!

Clerval   Frankenstein querido, ¡qué apariencia tan enfermiza tienes, tan delgado y pálido! Parece que tus vigilancias nocturnas han consumido tu salud.

Frank.   Últimamente he estado absorto en una ocupación que no me ha permitido el descanso suficiente. ¿Pero cómo se encuentra mi hermana?

Clerval   Bien, y muy feliz, solo un poco inquieta por verte tan poco.

Frank.   Sí, estoy comprometido en cuerpo y alma con mi trabajo. He alcanzado un descubrimiento, ¡una gran maravilla nunca vista! Nadie, excepto aquellos que la han experimentado, puede concebir la seducción de la ciencia; aquel que mira en el libro de la Naturaleza, encuentra una fuente inagotable de novedades, de maravillas y placeres ocultos. ¡Qué tesoros siniestros contiene, qué extraños e inimaginables misterios!

Clerval   Pero deberías permitirte algún pequeño respiro. Como amigo te aconsejo que no dejes de lado tu salud. Debes tomarla en consideración por tu propio bien.

Frank.   (*Abstraído.*) Después de tanto tiempo invertido en tan ardua tarea, alcanzar por una vez la cúspide de mis deseos, sería, de hecho, una gloriosa consumación a mi duro trabajo.

(**Frankenstein** *cruza hacia la izquierda.*)

Clerval	¡Qué extrañas e inquietantes son tus palabras!
Frank.	Este descubrimiento va a ser tan vasto, tan abrumador, que todos los pasos que he dado hasta aquí serán destruidos, y mi deber será solo contemplar el extraordinario resultado.
Clerval	¡Frankenstein!
Frank.	¡Ja! Veo, por tu entusiasmo, que esperas ser informado del secreto que conozco. Lo siento mucho, querido amigo. Eso no puede ser. Todavía, no.
Clerval	No quiero husmear en tus secretos, Frankenstein. Yo no soy filósofo, y mi imaginación es demasiado frágil para los detalles de la ciencia. Lo único que me interesa en este mundo son los encantos de tu preciosa hermana. Mi única intención al visitarte es comunicarte que me gustaría fijar el día de nuestra boda. Pero debemos estar seguros de que, en tan importante y feliz acontecimiento, podremos disfrutar de la compañía de nuestro querido Victor.
Frank.	¡Perdóname, Clerval! Mi trabajo me ha cegado. Mis primeros pensamientos deberían ser para mis estimados amigos, a los que tanto quiero,

y que son tan merecedores de mi confianza. Dime el día y allí estaré.

(**Clerval** *le abraza, a lo que* **Frankenstein** *responde incómodo.*)

Clerval Me gustaría fijar el día de nuestra feliz unión en la mañana que vendrá dentro de dos días. ¿Me permitirás, querido amigo, al que pronto podré llamar hermano, llevar a la encantadora Elizabeth hasta el altar?

Frank. ¡Como quieras! ¡Como quieras! (*Aparte.*) En la mañana de dentro de dos días, mi maravilloso trabajo habrá sido completado. ¡Él vivirá! ¡Vivirá! ¡Estará animado! ¡Pensará!

Clerval Victor, querido amigo, ¿me harías el honor de dejarme visitar tu laboratorio? Me gustaría contemplar con mis propios ojos ese trabajo tan interesante, y que te tiene tan absorbido. (**Frankenstein** *camina reflexionando profundamente. Aparte.*) ¡Otra vez ensimismado! Esta situación se vuelve alarmante. Sin duda, su cordura cuelga de un hilo. Estoy obligado a luchar contra su locura, y descubrir el secreto de sus hondas reflexiones. (**Frankenstein** *se sienta, musitando.*) ¡Me despido, Frankenstein! (*Aparte.*) No me presta atención. Apenas es consciente de mi presencia. Reclamar su interés tal vez sea un error. Los sonámbulos y los alucinados sufren si se les saca de su ensimismamiento. Indagaré en la causa de su locura, y, si es posible, buscaré el remedio. No debo perder el tiempo. Fritz es el único que puede ayudarme. Se fue en aquella dirección.

(**Clerval** *hace mutis.*)

Frank.   Cada minuto perdido me vuelve loco. ¿Cuánto tiempo he dedicado? (*Se pone de pie.*) Si no me hubiera animado un entusiasmo casi sobrenatural, mi dedicación a este arduo estudio habría sido irritante, repugnante y casi intolerable. Para examinar los motivos que animan un cuerpo, dotándole de vida, he recurrido a la muerte. ¡He mirado cara a cara a la muerte inexorable! He visto cómo la fina figura del hombre se ha desperdiciado y degradado, tocada por la mano de la muerte. He contemplado la corrupción que sucede al hermoso aliento de la vida, después de su horrendo toque helado. He visto cómo el gusano hereda las maravillas del ojo y del cerebro. He analizado con cuidadoso esmero todas las minucias de la causalidad ejemplificadas en el paso de la vida a la muerte, hasta que, en medio de esa oscuridad, irrumpió en mi alma la luz repentina del saber. Una luz tan brillante y cegadora que solo un milagro habría podido provocar tal destello. ¡El principio vital! ¡El motor de la vida! Como el Prometeo de la antigüedad, me he atrevido a violentar la barrera que separa lo muerto de lo vivo, vislumbrando el secreto de la creación de un ser nacido de mi tenacidad. ¡He analizado la labor de Dios y he

sido capaz de replicarla! Eso me convierte...
No, no te atrevas a pensarlo. He de dejar la reflexión a un lado. ¡Ha llegado el momento de
pasar a la acción! Un hombre que no actúa, ¡no
es un hombre! ¡Maldición! De vuelta al trabajo,
a mi trabajo, ¡mi trabajo!

(**Frankenstein** *hace mutis. Salen a escena* **Fritz**
y **Clerval**.)

Clerval   ¡Ahí va, Fritz! ¿Le has visto?

Fritz   Sí, ahí va de nuevo, entre frascos, crisoles, re-
tortas y carbón, y fuego, y el diablo que le guía
en su espeluznante labor.

Clerval   Aventuro que ha llegado hasta donde un hombre no debería atreverse a llegar jamás.

Fritz   Esa es la amenaza que llevo tanto tiempo te-
miendo sin duda, señor Clerval. Mis miedos
han tomado forma terrenal.

Clerval   Fritz, tú quieres a tu señor, y eres, lo sé, un sirviente leal y discreto, pero sus amigos, ¡su her-
mana!, somos todos infelices por causa de su
aislamiento. Su salud se está hundiendo rápidamente por culpa de la fatiga que le ocasiona
su misterioso trabajo con esa suerte de alquimia, en la que creo que emplea su tiempo. ¿Le
ayudarás a regresar a la vida plena y al abrigo de
sus seres queridos?

Fritz	Mandaría el alma de mi pobre mujer al Infierno, si eso sirviera de algo.
Clerval	Sé que su mente se ha dedicado a las ciencias esotéricas y ocultas, que su cerebro se ha enajenado con las locas fantasías de Cornelio Agripa, Paracelso, Alberto Magno y...
Fritz	¡Oh! ¡Señor Clerval! ¿Cómo puede mencionar a esos locos farsantes y rompemuelas? Hay algo malvado, algo siniestro, en ellos.
Clerval	¿Malvado? ¿Siniestro? ¡Hombre! Esos son los nombres de los primeros famosos filósofos experimentales. Son los sabios que prometieron al laborioso alquimista la transmutación de metales y el elixir de la vida eterna.
Fritz	¡Ah! ¡Efectivamente! ¡Pobre de mí!
Clerval	(*Aparte.*) Sospecho que este tipo es más bribón que tonto. Quiere un soborno. (*A* **Fritz**.) Ahora contéstame con franqueza, ¿qué es lo que más te gusta en el mundo?
Fritz	Mi pobre vaca.
Clerval	Idiota, piensa algo de este mundo. No del otro.
Fritz	¡La leche!
Clerval	¡Simplón! Me refiero a qué situación en la vida codicias.

Fritz   ¿Situación?

Clerval   ¿Te gustaría, por ejemplo, ser el dueño de una cabaña en el campo?

Fritz   ¿Qué? ¿Y tener de nuevo una vaca de mi propiedad? Precisamente eso es lo que más ansío en la vida. ¿Cómo es, señor Cerval, que usted lo sabía? ¿Es usted un hechicero, y conoce mis deseos más íntimos?

Clerval   Fritz, quiero que seas sincero conmigo, pero también has de ser prudente. (*Saca la cartera y le da un florín a* **Fritz**.) Aquí tienes una muestra de mis futuras intenciones respecto a la vaca y la cabaña en el campo.

Fritz   (*Examinando el dinero.*) ¡Un florín!

Clerval   Amigo Fritz, cuando el señor Frankenstein se ausente de la casa, debes dejarme entrar en su estudio privado.

Fritz   ¡Oh, señor! ¡No puedo! (**Clerval** *recupera su florín.*) ¡No se lleve su florín, señor! Él siempre cierra la puerta con llave. Pero hay una pequeña ventana en lo alto de las escaleras, desde donde puedo ver el avance de sus trabajos.

(**Clerval** *le devuelve el florín a* **Fritz**.)

Clerval   Bueno, dicen que el fin justifica los medios, y en este caso, admito la máxima. Puedes mirar a través de esa ventana e informarme a cada minuto de lo que sucede.

Fritz   Pero, ¿qué será de mis nervios?

Clerval   Piensa en tu cabaña.

Fritz   ¡Y en la vaca!

Clerval   Revélame el secreto que oculta el señor Frankenstein y tendrás ambos asegurados.

Fritz   Señor Clerval, soy su hombre. Estoy nervioso, y el miedo al diablo se me introduce en el pellejo, pero la vaca lo alejará. (*Mira fijamente.*) ¿Qué es eso? Oh, nada, oh, estoy tan nervioso.

(**Fritz** *y* **Clerval** *hacen mutis.*)

Escena II

Habitación en la residencia de **Elizabeth**, *en Belrive. La terraza hacia el jardín está en segundo término, a la derecha. La entrada de la casa está en segundo término, a la izquierda.* **William** *está dormido sobre un banco del jardín. Sale* **Elizabeth** *de la casa.*

Canción #3

Elizabeth   El sol del verano brilla sobre el árbol y el lago,
y anima el paisaje con un resplandor divino.
Da alegría al corazón, sobre el cual el placer
        [tiene poder,
pero las frágiles bellezas del atardecer me son
        [más queridas.
A través de los árboles que suspiran suavemente,
        [la brisa de la tarde,
parece la voz del amor susurrando al oído de la
        [desesperación;
y las gotas de rocío, como lágrimas derramadas
        [por los ángeles del Cielo,
reviven las frágiles esperanzas en el seno del
        [alma enamorada.

(*Durante esta escena el escenario se va oscureciendo progresivamente. Sale a escena, desde la casa, madame* **Ninon**.)

Ninon   ¡William! ¡Pequeño William!

Elizabeth   ¿Dónde estará ocultado nuestro pequeño?

Ninon   ¡Que el diablo maldiga el Mont Blanc y todas las montañas de alrededor! ¿Dónde está el chico? ¡Estoy muy enfadada con él por quedarse fuera hasta tan tarde!

Elizabeth   ¿Por qué, Ninon, no aplacas tu ira? Ahí está William.

Ninon   (*Va hacia el chico.*) Profundamente dormido, debo añadir, el precioso niño. ¡Qué parecido es a su pobre madre, que ya no está con nosotros! Ay, ay, me atrevería a decir que mi Fritz es igualito, solo que su cabello es rojo. El pequeño William: él es la alegría de la casa. Bendito sea el Cielo por haberle cuidado. ¡Vaya, pequeño pilluelo, durmiendo tan temprano en esta hermosa tarde!

(**William** *se incorpora. Ellas se acercan presurosas y con alegría por el despertar del niño.*)

William   Querida Ninon, no sé cómo me he quedado dormido, pero me levanté con el sol, y pensando que me acostaría con él, cerré los ojos, y...

Ninon   ¿Te quedaste dormido como un joven lirón?

Elizabeth   Pero, William, ¿no habrás desatendido tus libros?

William	Oh, no, porque entonces no sería tan inteligente ni tan erudito como mi hermano mayor, el querido Victor.
Ninon	Si te empleas en tus tareas serás incluso más brillante que el señor Frankenstein.

(**William** *corre hacia el final de la terraza.*)

Elizabeth	¡Ay, pobre Victor! Estudia demasiado, pero, claro, el amor, el amor desafortunado, le ha llevado a la soledad y a su oscura investigación.
Ninon	Ah, señora, ¡que el amor le haga feliz a usted! El señor Clerval ha estado aquí esta mañana, y se le veía tan atractivo...
Elizabeth	¡Basta, Ninon! ¡No es propio de una señorita bien educada, como es mi caso, fijarme en esas frivolidades! ¿O tú te casaste con tu adorado Fritz solo por su atractivo?
Ninon	Ojalá hubiese podido, pero mi Fritz carece por completo de atractivo.
Elizabeth	(*Riendo.*) Pensando en la ceremonia que se avecina, he dado órdenes a mi sombrerero para que te haga un bonito sombrero nuevo. Cuando tu Fritz regrese a Ginebra, puede ir a buscarlo.
Ninon	Gracias, querida señora, pero mire...

(**William** *entra desde la terraza, y corre, hacia la izquierda.*)

William   ¡Hermana, señora Ninon! Dos viajeros están subiendo la montaña. Uno de ellos es una mujer muy hermosa. Pero creo que su guía se ha caído del caballo. ¡Mirad, aquí está la mujer, ayudando al pobre hombre!

(*Sale a escena* **Safie**, *sujetando al* **Guía**, *por la terraza.*)

Elizabeth   Señora, permítame ofrecerle ayuda.

Safie   Gracias, gracias, señorita, no soy yo quien requiere descanso o ayuda; soy muy joven y mi salud es de hierro. Pero este pobre hombre, mi fiel acompañante, está completamente desfallecido. ¡Agotado!

Elizabeth   Ninon, acompáñale a la casa. Asístele, y hazle sentir como en su propio hogar.

Ninon   (*Acercándose hacia el* **Guía**.) Sígame, señor. Apóyese en mi brazo, si lo necesita. ¡Le aseguro que es fuerte! Venga, venga, no sea tímido.

(**Ninon** *lleva al* **Guía** *al interior de la casa. Mutis.* **William** *les sigue.*)

Safie   No puedo hacer más que expresarle mi agradecimiento. He de reconocer que no he encontrado

	demasiadas muestras de amabilidad en el camino.
Elizabeth	Su atuendo y sus modales indican que es extranjera. Sin embargo, está familiarizada con nuestra lengua, y parece haber recorrido una larga distancia.
Safie	Vengo desde Livorno. Un viaje, sin duda, agotador. ¿A cuánta distancia estoy del Valle del Lago?
Elizabeth	A pocas leguas.
Safie	(*Animada.*) Entonces, tal vez, podría llegar esta misma noche con un poco de suerte.
Elizabeth	No se lo recomiendo. Ese viaje que, por el día, es seguro, por la noche se vuelve peligroso. Le sugeriría que fuese tan amable de ser nuestra invitada hasta mañana. Después de descansar y a la luz del hermoso sol de estas tierras, ya podrá continuar su viaje con garantías.
Safie	No querría causarle ninguna molestia.
Elizabeth	El sol ya se ha puesto, usted se encuentra lejos de cualquier posada y sus caballos están fatigados. Permítame ofrecerle en mi casa una cena agradable y un descanso reconfortante.
Safie	No, no, ningún descanso hasta que logre mi propósito. Pero mi pobre sirviente sí necesita

ese descanso que usted, tan gentilmente, me ofrece. Noble desconocida, acepto con gratitud su hospitalidad.

Elizabeth Y tenga por seguro que todo el consuelo que pueda ofrecerle Elizabeth Frankenstein será suyo.

Safie Usted... ¡Usted ha mencionado el nombre de Frankenstein!

Elizabeth Ese es mi apellido.

Safie ¡Qué fortuna! Dichosa coincidencia, la que me ha traído hasta su hospitalaria puerta. ¿Conoce usted a la familia de Lacey?

Elizabeth La conocía bien, pero han pasado años desde la última vez que supe de ellos.

Safie Estoy buscando su refugio. Exiliados de Francia, viven ahora en el Valle del Lago.

Elizabeth ¡Tan cerca, y yo sin saber dónde se encontraba su residencia! ¿La dulce Agatha de Lacey aún vive?

Safie Confío en que el amanecer de mañana me encuentre abrazándola.

Elizabeth ¡Qué buena noticia para mi querido hermano, Victor! Entremos y hábleme más sobre este tema, que me interesa profundamente. Se está haciendo de noche.

Safie   En una noche como esta fui arrancada de los brazos del hermano de Agatha. ¡Oh, Felix, Felix! Triste fue el momento en el que envolviste por última vez a la pobre Safie en tus afectuosos brazos.

Canción #4

El último rayo del sol, cada montaña teñía,
hundiéndose, rojo, en las profundidades
[insondables.
Las pálidas luces del cielo derramaban sus rayos
[sobre el lago,
y la naturaleza parecía acunada por un sueño.
Todo estaba en silencio y quietud sobre el lago,
el prado y la colina,
salvo el susurro que flotaba en la despedida de
[los amantes.
Cuando, por mandato del Destino, dos
[corazones apasionados
fueron condenados a separarse,
el pobre Felix y la pobre Safie murieron en vida...
murieron en vida...
murieron...
en vida...

(*Ambas hacen mutis, entrando en la casa.*)

Escena III

Dormitorio de Victor **Frankenstein**. *Oscuridad. La cama está en un rincón entre los laterales del escenario, cubierta con cortinas verdes oscuras. Una espada cuelga de la pared. Hay una gran ventana francesa. Entre los laterales hay una escalera que lleva a una galería que cruza el escenario, donde, arriba, está la puerta del laboratorio. En el centro de la escena hay una pequeña ventana enrejada y alta, cerca de la puerta del laboratorio. También hay una mesa gótica, una silla gótica en el centro y un taburete. Una temible tormenta se gesta en el aire. Sale a escena* **Frankenstein** *con una lámpara encendida, que coloca en la mesa. Se escucha un trueno lejano.*

Frank. Esta noche, en esta oscura noche, culminaré mi tarea. He trabajado durante años y, finalmente, he descubierto aquello que tantos genios han buscado en vano durante tantos siglos. Tras días y noches de increíble trabajo y fatiga, me he convertido en maestro en el arte de animar la materia inanimada. He aprendido no a dar vida a aquello que está muerto, sino a crear vida de algo que jamás estuvo vivo. Con un poder tan asombroso en mis manos, he dudado durante mucho tiempo sobre cómo emplearlo. El objeto de mis experimentos yace allí (*Señala hacia el laboratorio.*) Un enorme autómata con forma humana. Si logro animarlo, la vida y la muerte serán para mí límites olvidados, los cuales traspasaré para derramar un torrente de luz sobre nuestro oscuro mundo. He sacrificado mi alma y mis sentimientos persiguiendo esta maldita obsesión de la que sé que jamás podré deshacerme hasta verla completamente realizada. La obsesión, cuando entra en el torrente sanguíneo del hombre, solo es expulsada por el éxito merecido. He vestido a la masa inanimada, para que el aire frío no apague la chispa de la vida recién infundida. (*Suena un trueno y comienza una tormenta.*) Es una noche lúgubre, la lluvia golpea brutalmente los cristales. Es la noche adecuada para esta tarea. Entraré y completaré mi maravillosa creación. No hay espacio para el temor. ¡Ánimo!

(*Música.* **Frankenstein** *coge la lámpara, mira cautelosamente a su alrededor, sube las escaleras, cruza la galería superior y hace mutis por la puerta del laboratorio. Sale a escena* **Fritz***, con una vela en la mano.*)

Fritz   El maestro no está aquí. No me atrevo a mirar por la ventana. Pienso solo en la recompensa que el señor Clerval me ha prometido: una vaca y una casita en el campo; leche y una mansión. No creo que el señor haya subido todavía. Mi vela arde con todos los colores del Infierno, y chisporrotea como una manzana asada. Tiembla la llama como tiembla mi mano por los nervios. (*Tropezando con una silla, deja caer la vela,* *que se apaga.*) ¡Maldita sea! Ahora estoy a oscuras. ¡Ay, mis nervios! (*Una llama azul aparece en la pequeña ventana enrejada, como si proviniera del laboratorio.*) ¿Qué es eso? ¡Oh, Cielos! Ahí está el señor Frankenstein, provocando llamas infernales. ¡Oh, mi vaca! No me queda más remedio que atreverme a mirar. ¡Oh, mi casita! Subiré a la ventana, solo será un vistazo, para asegurar mi fortuna.

(*Música.* **Fritz** *coge el taburete, sube las escaleras, y al llegar al rellano de la galería, se pone de puntillas sobre el taburete para mirar a través de la ventana alta y pequeña del laboratorio. Se escucha una combustión repentina. La llama azul cambia a un tono rojizo.*)

Frank. (*Fuera de escena.*) ¡Vive! ¡Vive!

Fritz ¡Ay, Dios mío! ¡Ay, Dios mío! ¡Ay, Dios mío! (**Fritz**, *alarmado, salta y baja las escaleras, tambaleándose. Cuando llega a primer término, cae al suelo y apenas puede articular palabra.*) ¡Es un monstruo, es un monstruo de cuatro metros de altura! Oh, mis nervios, siento como si acabara de sufrir un ataque al corazón, y no hay nadie que me arroje agua fría en la cara. Si las piernas son capaces de soportarme, huiré. (*Cruza hacia la izquierda.*) ¡Oh, mis pobres nervios!

(**Fritz** *hace mutis. Música.* **Frankenstein** *sale corriendo desde el laboratorio, cierra la puerta con* *aparente temor y baja las escaleras, sin dejar de mirar la puerta que ha dejado atrás.*)

Frank. ¡Vive! ¡Vive! He contemplado el ojo amarillo de la criatura abrirse, ha respirado hondamente y una gran convulsión ha agitado sus miembros. ¡Qué aberración infernal he creado! Elegí, con amor de padre, las formas más hermosas... ¡Hermosas! ¡Ah, horror, horror innombrable! Su piel cadavérica apenas cubre la forma de sus músculos y arterias, su cabello es brillante, negro y sedoso; sus dientes, de una blancura perlada; pero estos lujos solo contrastan horriblemente con las deformidades del demonio. (*Escucha pisadas desde las escaleras.*) ¿Cuál ha sido el fruto de mi ardua labor? ¡Un monstruo! ¡La belleza de mi sueño se ha desvanecido! Y el horror sin aliento y la desesperación llenan mi corazón. Por esta abominación he sacrificado descanso, salud y la paz de mi alma; por esta abominación siniestra he llevado mi cerebro hasta los límites de la locura. Y cuando esperaba recoger el fruto de mis desvelos, ¡mi gran recompensa!, un destello irrumpe en mi alma sumergida en tinieblas de la sinrazón y comprendo que mi esfuerzo fue impío, y que su fruto será fatal para la paz de mi alma por siempre jamás. ¡Que Dios me perdone! (*Vuelve a escuchar*) ¡Todo está en silencio! El aterrador espectro de una forma humana se esconde tras esa puerta... Ningún mortal podría soportar el horror de ese semblante. ¡En qué idiota miserable y fatuo me he

41

convertido! ¡Qué vergüenza ha caído sobre mi nombre! ¡Elizabeth! ¡Hermano! ¡Agatha! ¡Fiel Agatha! Nunca más me atreveré a contemplar sus rostros virtuosos. ¡Estoy perdido! ¡Perdido! ¡Perdido! (*Música.* **Frankenstein** *se deja caer sobre una silla. Se escucha una combustión repentina, sale humo del laboratorio y la puerta se rompe en pedazos con un gran estruendo, envuelta en fuego. El* **Monstruo** *surge entre el humo, que, poco a poco, se disipa. El fuego sigue crepitando. El* **Monstruo** *avanza, rompe la balaustrada de la galería frente al laboratorio, salta sobre la mesa y de ahí, al escenario, y se queda frente a* **Frankenstein***, que se ha puesto de pie, aterrado. Se miran fijamente durante unos segundos.*) ¡El terrible monstruo al que he dado vida viene a reclamar mi alma! ¡El alma de su padre! ¡Padre nefando! (*Música. El* **Monstruo** *mira a* **Frankenstein** *con intención, se aproxima a él con un gesto de conciliación.* **Frankenstein** *retrocede, el* **Monstruo** *le sigue sin saber qué más puede hacer.*) ¡Engendro! No te atrevas a acercarte. ¡Aléjate! ¡Aléjate de mí! O teme la feroz venganza de mi brazo.

(*Música.* **Frankenstein** *coge la espada que cuelga en la pared y la dirige hacia el* **Monstruo***, el cual se la arrebata, la parte en dos y la lanza hacia el suelo. El* **Monstruo** *agarra a* **Frankenstein***. Se escucha un fuerte trueno. El* **Monstruo** *arroja violentamente a* **Frankenstein** *al suelo,*

*sube las escaleras, abre la gran ventana y desa-
parece a través* del ventanal. **Frankenstein** *permanece inmóvil en el suelo. Truenos y relámpagos
inundan la escena hasta que cae el...)*

Telón.

ACTO SEGUNDO

Escena I

Una estancia en casa de **Elizabeth**. *Se pueden ver una mesa y unas sillas. La música del final del Primer Acto continúa hasta que se descubre esta escena, y* **Frankenstein** *entra apresuradamente hasta el centro del escenario. La música cesa.*

Frank.   ¡Al fin en la casa donde me crie y donde vivirá mi hermana hasta que se case con mi buen amigo Clerval! ¡Ya estoy aquí! ¡Y a salvo! He caminado con pasos veloces, pero en cada esquina que giraba temía encontrarme con el engendro. ¡Mi corazón late con la enfermedad del miedo! ¿Qué he traído al mundo? ¿Qué he hecho? Una criatura poderosa, de fuerza gigantesca y sobrenatural, pero con la mente de un niño. ¡Oh, si pudiera deshacer mi impía labor! O extinguir la chispa que he prendido de forma tan presuntuosa e irresponsable en ese ser demencial. Pero se trataría de un asesinato. Asesinato en su peor y más horrible forma, porque es mío, mi propia creación. ¡Mi hijo! ¡Ese monstruo es mi hijo! ¡Ah! ¿Quién se aproxima?

*(Sale **Elizabeth** a escena. Se abrazan.)*

Elizabeth   ¡Mi querido Victor! ¡Mi adorado hermano!

Frank.   ¡Elizabeth!

Elizabeth   Has venido para quedarte, espero. Al menos hasta que pronuncie mis votos sagrados y sea, por fin, una mujer felizmente casada. Mi querido prometido llegará pronto. ¡Ay, Victor! Tu rostro está pálido, tus ojos han perdido su habitual brillo. Oh, hermano, ¿qué trabajos consumen tu mente y tu cuerpo? El aire pernicioso de ese horrible laboratorio tuyo ha sido fatal para la salud de tu alma.

Frank.   *(Aparte.)* ¡Fatal en verdad!

Elizabeth   Te ruego, Victor, por el amor fraternal que nos une, detente. ¡Cesa en esa horrible investigación que te consume! Sé que has estado trabajando sin descanso.

Frank.   ¡Trabajando! Si solo hubiese estado trabajando... *(Aparte.)* He transgredido las leyes de Dios...

Elizabeth   Hay una mirada salvaje en tus ojos que no me atrevo a explicar. Tu rostro ha cambiado de color, querido hermano. ¡Estás pálido como un cadáver!

Frank.   *(Sobresaltado.)* ¡Mira! ¡Mira, Elizabeth! ¡Está ahí!

Elizabeth	Mi querido Victor, ¿qué te está pasando? ¿Qué hace que sientas tanto pavor?
Frank.	No me preguntes, Elizabeth. ¡No preguntes! Cuanto menos sepas, mejor será para ti. Yo... pensaba que había visto al temido espectro deslizarse en la habitación.
Elizabeth	¡Cálmate! Confía en mí. ¡Te lo suplico! ¿De qué estás hablando?

(**Frankenstein** *cae de rodillas ante ella.*)

Frank.	¡Perdóname, Elizabeth! Perdóname. ¡No acierto a imaginar qué estarás pensando después de verme así!
Elizabeth	Estoy aquí para cuidarte.
Frank.	¿Me lo juras?
Elizabeth	Por supuesto, Victor. (**Frankenstein**, *sollozando, se abraza a ella.*) ¡Hay una cosa que creo que te alegrará y apartará de tu cabeza esas terribles sombras! Tengo noticias de alguien querido para ti y por quien, antes de tu intensa dedicación al estudio, sentías el más tierno afecto. Dime, Victor, ¿no te alegraría saber que tengo una pista para llevarte hasta tu amor perdido, Agatha de Lacey?
Frank.	¡Agatha! ¡Mi querida Agatha! Su nombre devuelve el ánimo a mi espíritu abatido. ¿Cuál es

esa pista de la que me hablas, Elizabeth? ¡Oh, ojalá nunca me hubieran apartado de ella! ¡Fue su pérdida lo que me llevó a osar acometer experimentos tan odiosos y fatales!

Elizabeth ¡Una viajera! ¡Una exótica viajera tiene la clave para hallar a la querida Agatha! Una hermosa joven egipcia estuvo aquí anoche, buscaba a Felix de Lacey, el hermano de Agatha, con quien estaba prometida. Me informó de que la familia se encuentra a poca distancia de aquí, en el Valle del Lago.

(**Frankenstein** *se pone en pie.*)

Frank. ¿Y Agatha está allí? ¡Agatha! Todavía hay esperanza para mí. ¡Ah, no! No puedo... ¡No sería justo! (*Aparte.*) ¡El terrible monstruo que he creado...! Sé que ese monstruo me busca. ¿Y si encontrase a Agatha? ¿Y si yo mismo condujese a esa horrenda pesadilla hasta mi dulce e inocente Agatha? ¡No! ¡Lejos con tal pensamiento! El monstruo huyó. Saltó por la ventana de mi estudio. Es incluso posible que no sobreviviese. (*Hablando a* **Elizabeth**.) Elizabeth, la buscaré de inmediato. La sonrisa de Agatha aliviará la pesada carga que nubla mi entendimiento. El Valle del Lago. Hacia allí guiaré mis pasos. ¡Adiós, hermana, adiós!

(*Abraza a* **Elizabeth** *y hace mutis apresuradamente.*)

Un bosque en las cercanías de Ginebra. Campamento de gitanos. Una hoguera arde, sobre la cual cuelga un caldero. Un grupo de gitanos se encuentra rodeando la hoguera en diversas posturas. Todos ríen al descubrirse la escena. **Tanskin** *y* **Hammerpan**, *entre otros (hombres y mujeres) avanzan para cantar.*

Canción #5

Gitanos   Aviva el lento humo que sube,
dale al leño un empujón,
pues somos vagabundos sin techo.
Mientras nuestros harapos ondean,
contemplamos nuestra piel morena,
el pergamino de nuestro linaje.
Contemplad cada rostro tostado
de nuestra raza curtida,
que jamás siente el frío viento.
Mirad nuestro cabello brillante ondear,
oídnos, fuertes, cuando imploramos,
¡pero mudos solo cuando robamos!

(Risas de los gitanos.)

Tanskin   Te digo que así fue, amigo Hammerpan, una criatura gigante, con algo que recordaba a la forma humana, pero tan horrible y enfurecida que era la viva imagen del diablo.

Hamm. Y ese monstruo, ¿te atacó o intentó hacerte algún daño?

Tanskin No me hizo daño alguno.

Hamm. Entonces, ¿por qué sientes tanto temor, maese Tanskin? Por mi parte, si se cruza en mi camino, que huya quien quiera, yo me plantaré delante de él y le diré cuatro cosas sobre cómo debe comportarse un buen monstruo cuando se encuentra con un gitano pillo como tú.

Tanskin Y bien muerto terminarás por los malos consejos de tu audacia. Te recomiendo que no la escuches. (*Se escucha una flauta.*) ¿Has oído? ¿Qué sonidos son esos?

Hamm. (*Volviendo al fuego.*) Pues imagino que es Felix, el hijo del viejo de Lacey. El joven es famoso por su destreza con la flauta, al igual que el padre por su piedad, sus actos caritativos y su talento con el arpa, lo cual, junto con la belleza de su hija, parece haber encantado a todos aquellos que se cruzan con alguno de la familia. Ahora, mis nómadas alegres, nuestra comida humea, ha llegado la hora de cenar. De veras, me siento con buena disposición para saborear comida caliente, así que, os lo ruego, señora, sírvame nuestras gachas. (*Las mujeres sirven* *gachas a los hombres y después a sí mismas. Olis-queando.*) ¡Caray, huele de maravilla! Puerros, ga-chas de cordero, con una oveja entera muerta en su interior.

(*Los gitanos se agrupan alrededor del fuego con sus cuencos.*)

Tanskin   (*Señalando a lo lejos.*) ¡Mirad! ¡Es él! ¡Es el gigan-te! Parece el campanero de Ingoldstadt dando un paseo. ¡Mirad hacia allí a lo lejos, camaradas!

(*El* **Monstruo** *sale a escena, donde solo le puede ver* **Tanskin**.)

Hamm.   ¿Mirar qué?

Tanskin   (*Temblando.*) ¡Que me condenen, es él! ¡El monstruo!

Hamm.   Retira esos nefastos pensamientos de tu mente.

Tanskin   ¡Su tamaño y ferocidad coinciden con aquello que se espera de un monstruo!

Hamm.   ¡¿Un criado del diablo, tal vez?! ¡Bah! Viejo Tans-kin, todos sabemos que eres un bribón avispa-do, pero no nos asustarás con tus cuentos de viejas sobre monstruos enormes. Anda, dame un trago. (*Uno de los gitanos le entrega un cuen-co de madera.*) Caballeros gitanos, a vuestra sa-lud, ¡ja, ja, ja!

(*Música.* **Hammerpan** *y todos los gitanos ven, por fin, al* **Monstruo**. *Gritan y huyen. El* **Monstruo** *desciende, muestra con sus gestos su sensibilidad a la luz y al aire, percibe el fuego de los gitanos, que despierta su admiración. Mete la mano en la llama y la retira rápidamente con dolor. Toma un palo encendido, lo compara con otro leño que no está encendido. Prueba la comida, expresando sorpresa y placer. Se escuchan pasos a lo lejos y el* **Monstruo** *se oculta tras un arbusto. Sale a escena* **Agatha***, seguida de* **Felix***, que lleva la flauta a la espalda.*)

Agatha Mi querido Felix, nuestro padre está ansioso por que regreses a casa. Me pidió que te buscara, pero, guiada por los suaves sonidos de tu flauta, la tarea no ha supuesto una gran dificultad. ¡Oh, Felix! ¡Qué delicioso es saber que, tanto nuestro padre como tú, poseéis la habilidad de desterrar, por unos instantes, los horrores de nuestra miseria actual! En medio de semejante pobreza, ¡qué consuelo es gozar de la compañía y la atención de un hermano como tú! Querido y siempre atento Felix, la primera pequeña flor blanca que asomó bajo la nieve la trajiste porque pensaste que alegraría a tu pobre Agatha. ¡Qué sensibilidad la tuya y qué gentileza!

Felix Somos hijos de la desgracia. El gélido abrazo de la pobreza casi nos aniquila. Nuestro pobre padre ciego, ahora morador de esa cabaña, él, que fue bendecido con prosperidad, reducido a esto, el noble anciano de Lacey. Desdichado de mí, por haber sido la causa de la ruina de mi padre y mi hermana.

Agatha   Pero, Felix, ¡sufrimos por tu alma virtuosa! ¡La que ha llevado la peor parte al perderte ha sido la pobre Safie, tu amada!

Felix   Me temo que la he perdido para siempre. El traicionero egipcio, su padre, a quien ayudé a escapar de una prisión en París, donde estaba confinado como prisionero de Estado, ese padre falso, sin duda, ha llegado a Constantinopla y está triunfando contra el destino de sus miserables víctimas.

Agatha   No, Felix.

Felix   ¡Ay, Agatha! Por ayudar en esa fuga, mi familia, ¡mi amada familia!, sufre el exilio y la confiscación total de su fortuna.

Agatha   Pero Safie aún te ama.

Felix   ¡Ese pensamiento es más enloquecedor todavía! ¡Safie! ¡Dulce Safie! Y ella me fue entregada como mi prometida como recompensa por liberar a su padre infiel. Y ahora, en lugar de estar entre mis brazos, se ve arrastrada con su padre y forzada a obedecer sus crueles deseos. ¡Oh, está perdida, perdida para siempre! (*Cruza hacia la izquierda.*) La temprana pasión de cada uno de nosotros ha sido truncada. Nuestro riguroso empobrecimiento y exilio repentino han borrado todo rastro de tu belleza de los recuerdos de tu admirador, el joven Frankenstein.

Agatha   Querido Felix, no sigas evocando recuerdos tan tristes tanto para ti como para mí. Considero a Victor perdido para siempre. En esta pobreza abyecta, no puedo acaso esperar que el brillante y vivo estudiante vuelva a pensar en la desafortunada Agatha. (*Llora.*) Permíteme secar estas indignas lágrimas y ejercer la más firme fortaleza de una mujer. Mi alma, de ahora en adelante, se dedicará exclusivamente al servicio de mi pobre padre ciego. Felix, ya no volverás a verme infeliz. ¡Alégrate, hermano!

Canción #6

Fel. y Aga.   De todos los lazos que la naturaleza ata,
las secretas y sagradas simpatías,
que, como invisibles cadenas de oro,
al corazón como feliz prisionero sujetan,
ninguno es más casto, más puro, más brillante,
más fuerte para soportar pruebas severas.
Ninguno más puro de levadura terrenal,
más parecido al amor del cielo más elevado,
que aquel que une, en lazos tan dichosos,
a una hija al pecho de su padre.

(**Agatha** y **Felix** *hacen mutis. Música. El* **Monstruo** *sale cautelosamente de su escondrijo. Su manto queda atrapado en el arbusto, se despoja de él, dejándolo en la roca. Observa a* **Felix** *y* **Agatha** *con asombro y arrobo. Parece indeciso sobre* *si seguirlos; escucha la flauta de* **Felix**, *se queda asombrado y complacido, mira a su alrededor, intenta atrapar el sonido en el aire vacío y con las manos cerradas las lleva a sus oídos. Parece irritado por no poseer el sonido, corre hacia delan-te, vuelve a escuchar y, encantado por la melodía, hace mutis sigilosamente, intentando atraparla con las manos.)*

Escena III

Exterior de la cabaña del viejo **De Lacey**. *A la derecha, un cobertizo con una puerta baja, cerca de la cual hay dos o tres grandes troncos de madera y un hacha; una pequeña cesta con violetas sobre un taburete al lado derecho de la puerta de la cabaña, y otro taburete en el lado izquierdo, donde se encuentra sentado* **De Lacey**, *apoyado en su bastón, con un arpa sencilla a su lado.*

De Lacey   Un día más se suma a la cuenta de la vida del desterrado de Lacey. (*Se levanta y avanza.*) ¿Pero cómo será el siguiente día vivido? Como los días precedentes, ¡en desesperada pobreza, desgarrador dolor y miserable oscuridad! (*Subiendo el tono.*) ¡Agatha! ¡Felix! ¡Ay de mí! ¡Estoy solo! (*Música.*) ¡Es la flauta de Felix! ¡Mis hijos se acercan! No deben creerme desdichado. Mi arpa está aquí; será un dulce engaño para ellos. Esta arpa que tantas veces se ha humedecido con las lágrimas de mis ojos ciegos, el sonido de este instrumento, es la única señal que puedo darles de que estoy conforme con mi destino.

(*Música.* **De Lacey** *regresa a su asiento y toca varios acordes en el arpa. El* **Monstruo** *entra, atraído por la música. De repente, percibe a* **De Lacey** *y se le acerca. Expresa sorpresa al darse cuenta de que* **De Lacey** *no le evita. Pronto comprende que* *es ciego. Al concluir la música del arpa, hay una breve pausa, durante la cual el* **Monstruo**, *al perder el sonido, parece buscarlo hasta que el arpa vuelve a sonar. En medio de la música, sin que esta cese, se escucha una voz.*)

Felix   (*Fuera de escena.*) Por aquí, Agatha. (*El* **Monstruo**, *alarmado, observa la pequeña puerta del cobertizo, la empuja para abrirla, pues desea refugiarse, y se retira mientras termina la música del arpa de* **De Lacey**. *Salen a escena* **Felix** *y* **Agatha**. *Aparte, a* **Agatha**.) Observa su rostro, radiante de benevolencia y amor. Contempla esos cabellos plateados. Y, Agatha, yo... ¡yo lo he reducido a este estado lastimoso de pobreza!

Agatha   Basta, Felix. ¿Por qué te haces semejantes reproches? (*Se acerca a su padre.*) Hemos regresado, querido padre. ¿Nos has necesitado?

(**Agatha** *guía a su padre hacia delante.*)

De Lacey   No, no, Agatha. Anticipas todas mis necesidades siempre aderezadas con pequeños dulces gestos de afecto con ternura.

Agatha   ¿No es mi deber? ¿Y acaso no soy recompensada con tu amable sonrisa?

De Lacey   Niña adorable, deja que tu pobre padre te bese. (*Le besa en ambas mejillas.*) Felix, hijo mío, ¿dónde estás?

(**Felix** *se acerca y coge su mano.*)

De Lacey   Ahora estoy animado, ¡soy feliz! De verdad que lo soy, hijos míos. Permitidme alentaros a desechar vuestra melancolía. ¿Qué? ¿Una lágrima, Agatha?

Agatha   ¡No, querido padre!

De Lacey   Está en mi mano.

(*Presiona contra sus labios su mano, la cual sostenía mientras hablaba con* **Felix**.)

Felix   Ahora debo regresar a mi labor. Nuestro combustible está casi agotado. Últimamente, mi tiempo ha estado tan ocupado que he descuidado mi tarea en el bosque.

(*Música.* **Felix** *toma un hacha y corta un tronco de madera.*)

Safie   (*A lo lejos.*) ¡Felix!

Agatha   ¿Qué voz ha sonado?

Felix   No puede ser... No... ¡No ha sido más que mi imaginación!

(*La música continúa.* **Felix** *sigue cortando madera. En otra pausa similar en la música, se escucha nuevamente la voz, más cercana.*)

Safie	(*Fuera de escena.*) ¡Felix!
	(*Cesa la música.*)
Felix	¡Esa voz! ¡Ese sonido mágico! ¡Ay! ¡No existe tal felicidad para mí! ¡En absoluto la merezco!
Agatha	¡Hermano, no es engaño de la mente, que yo también oigo la voz de nuestra Safie!
Felix	¡No es posible!
Safie	(*Fuera de escena, más fuerte.*) ¡Felix! ¡Felix!
	(*Música. **Felix** deja caer el hacha y corre hacia la fuente de la anhelada voz. En ese instante, sale a escena **Safie** y cae en los brazos de **Felix**.*)
Felix	¡Es ella! ¡Safie! ¡Amada de mi alma! ¡Ah, revive!
De Lacey	¿Safie, la hija del traidor? ¡Imposible!
Agatha	¡Sí, es nuestra dulce Safie!
Felix	¡Nunca más nos separaremos! ¡Padre! ¡Padre! ¡Ojalá pudieras verla! Es mi querida y perdida Safie.
	(*Música. **Safie** se incorpora, cruza hacia el viejo **De Lacey**, se arrodilla y le besa la mano, mientras el **Monstruo** se asoma desde el pequeño cobertizo, observándolos, y luego se retira nuevamente.*)

| De Lacey | ¡Bendita seas, hija mía! ¿Dónde está tu padre? ¿Dónde el amigo traicionero que nos condenó a la ignominia? |

(**Safie** *se levanta.*)

| Safie | He huido de él. Quería sacrificar a su hija, aborreciendo la idea de que me uniera a un cristiano. Repugnada ante la perspectiva de regresar a Asia y ser encerrada en un harén —tan contrario al espíritu de mi alma, ahora habituada a una noble aspiración— he buscado el amor y la protección de mi adorado Felix. |

| Felix | ¡Fiel muchacha! Tu constancia será recompensada con amor y gratitud eternos. |

| Agatha | Pero, Safie, estarás fatigada. Ven, querida, y en mi humilde lecho busca reposo. |

(*Música.* **Safie** *besa y estrecha afectuosamente la mano de* **De Lacey***, abraza a* **Felix***, vuelve a cruzar hacia* **Agatha***, que la conduce, haciendo mutis, al interior de la cabaña.* **Felix** *le pone la mano en el hombro a su padre. Y después, hace mutis siguiendo a* **Agatha** *y* **Safie***.*)

| De Lacey | ¡Gracias al cielo por este feliz reencuentro! |

| Felix | (*Regresando con una escopeta desde la puerta de la cabaña.*) ¡Padre, estoy loco de alegría! Ya no soy el triste y abatido Felix. El sol de la prosperidad brilla nuevamente sobre nosotros. ¡Safie |

ha regresado! ¡Soy rico! Debo conseguir provisiones para nuestra huésped. Nuestra despensa apenas da para abastecernos a nosotros tres. Cruzaré el bosque. Cazaré, dispararé, ¡y todo con entusiasmo! ¡Adiós, padre! Volveré pronto. ¡Adiós!

(**Felix** *hace mutis. Música.* **De Lacey** *se sienta en el taburete de la cabaña de nuevo, al lado de la puerta. El* **Monstruo** *regresa, examina un tronco, toma un hacha y señala la madera, indicando que entiende su uso, y sale corriendo, llevándose la herramienta. La música cesa.*)

De Lacey   ¡Agatha!

(*Sale a escena* **Agatha**, *desde la cabaña.*)

Agatha   ¿Me llamabas, padre?

De Lacey   ¿Duerme tu dulce huésped?

Agatha   El cansancio pronto la adormecerá. No la habría dejado si no pensara que te había oído llamarme.

(**Agatha** *hace mutis nuevamente hacia la cabaña.* **De Lacey** *se levanta y toma el cesto de flores del taburete. Huele las violetas.*)

De Lacey   ¡Qué delicioso perfume! Más exquisito aún porque se me niega el placer de contemplar estos dulces emblemas de la primavera. ¡El tacto y el aroma elevan mi espíritu! ¡Qué ingrato soy al quejarme! En la contemplación de ti, ¡oh, Naturaleza!, el pasado se borrará de mi memoria, el presente es tranquilo y el futuro está bañado por brillantes rayos de esperanza y alegría anticipada. (*Música.* **De Lacey** *coloca de nuevo el cesto de flores y regresa a su asiento, apoyándose pensativamente en su bastón. El* **Monstruo** *entra con un montón de ramas verdes con follaje en sus hombros y las arroja sueltas en el escenario. Sonríe satisfecho por lo que ha logrado. Se acerca a* **De Lacey**, *cae de bruces a sus pies, luego se arrodilla y está a punto de besarle la mano.* **De Lacey** *busca a su alrededor con su bastón sin saber que hay alguien cerca, y sentado todo el tiempo. Entonces, llama.*) ¡Agatha! ¡Agatha! (*Música. El* **Monstruo** *se retira inmediatamente hacia el cobertizo, y* **Agatha** *entra desde la puerta de la cabaña.*) Agatha, hija, por favor, llévame dentro.

(*Se levanta de su asiento y avanza.*)

Agatha   Sí, querido padre. ¡Santo cielo! ¿Cómo es posible que Felix haya regresado del bosque tan rápido? ¡Qué cantidad de leña!

De Lacey   ¿Cómo?

Agatha   Aquí hay combustible suficiente para mucho tiempo. ¿Cómo podemos haber sido abastecidos tan generosamente? Vamos, padre, a la cabaña. ¡Vamos! (*Música.* **Agatha** *guía a* **De Lacey**

hacia la cabaña, luego avanza hacia la leña.)
¡Victor! Es inútil tratar de borrarte de mi memoria. Cada ave que canta, cada nota musical que escucho, me recuerda los dulces momentos de mi antiguo amor.

Canción #7

(Acompañamiento de flauta.)

En vano contemplo el paisaje,
o escalo la colina más alta,
en vano, en vano, escucho el fluir
de cada arroyo que murmura.
En vano contemplo el paisaje alrededor,
pero todo lo que escucho o veo es en vano,
cuando mi adorado Victor está lejos de mí...
Cuando mi adorado Victor está lejos de mí...
Cuando mi adorado Victor está lejos de mí...
Pero escucha, escucha,
mi amor, mi amor está cerca,
sus dulces notas conozco bien...
Oh, sí, mi amor está cerca,
lo escucho en el bosque.
Mi alma me dice que
pronto estará aquí,
y susurrará suaves promesas de amor.
Oh, no os vayáis aún, horas felices,
oh, no voléis todavía,
mientras el amor su encanto vierte,
¡prolongad, prolongad vuestra estancia!
Oh, sí, mi amor está cerca,

lo escucho en el bosque,
pronto estará aquí,
y susurrará suaves promesas de amor.

(**Agatha** *hace mutis hacia la cabaña.*)

Un bosque salvaje. **Felix** *sale a escena, con su escopeta en la mano.*

Felix   Ni un disparo aún y, caray, la alegría ha hecho
que mi mano esté tan temblorosa que, aunque
se levantara un espléndido faisán, no podría de-
rribarlo. Tu regreso, dulce Safie, me ha devuel-
to la vida. Cuando pensé que te había perdido
para siempre, me invadían pensamientos som-
bríos y no prestaba atención ni al descenso del
lucero vespertino ni al amanecer dorado refle-
jado en el lago; pero ahora mi amor llena mi
imaginación, ¡y todo es gozo!

Canción #8

Tus encantos juveniles, brillante doncella,
[inspiran
y embellecen mi tema favorito,
cuyo porte despierta dulce deseo,
cuya mente asegura estima.
Oh, escúchame, entonces, declarar mi pasión,
y llena mi corazón de gozo.
Una llama que el tiempo enseñó a crecer,
y que ningún tiempo podrá destruir jamás.
Mi tierna súplica celebra con una sonrisa,
y comparte las dulzuras del amor mutuo.
Cuando el otoño ofrezca su maíz maduro,

o el invierno, oscureciendo, amenace,
con el mayor cuidado alegraré tu mañana,
y animaré tus horas vespertinas.
De nuevo, cuando la primavera sonriente

[regrese,

respiraremos el aire primaveral,
y aun cuando el verano queme, abrasador,
a los paseos por el bosque acudiremos,
allí buscaremos el refugio de un bosque

[protegido,

y compartiremos las dulzuras del amor mutuo.

(**Felix** *se retira a tercer término. Sale a escena*
Frankenstein.)

Frank.   En vano busco un respiro de estos terribles pensamientos que acechan ocultos en los rincones
más profundos de mi alma. Dondequiera que
miro, espero ver a esa criatura sobrenatural, verla surgir de cada recoveco boscoso. Por eso, solo
puedo continuar huyendo hacia adelante, esperando encontrar a mi dulce Agatha, y cifrar mi
esperanza en verme pronto entre sus brazos.

Felix   ¡Un viajero! ¡Y, sin duda, reconozco su porte y
maneras!

(*Se adelanta hacia* **Frankenstein**.)

Frank.   Buen extraño, ¿podría indicarme dónde se encuentra la morada del viejo de Lacey?

Felix   Confío en poder hacerlo mejor que la mayoría de las personas. ¿Tan mala es tu memoria que olvidas a los amigos, Victor?

Frank.   ¡Cómo! ¿Felix de Lacey?

Felix   ¡El mismo! ¡El mismo! ¡Victor Frankenstein! Dame tu mano, amigo mío. ¡Hacía tanto tiempo que nuestros caminos no se cruzaban...!

Frank.   Tu extraña y repentina desaparición de París...

Felix   Se trata de una historia un tanto complicada, con la que no te entretendré ahora. Ven a nuestra humilde cabaña. ¡Caray! ¡Estoy encantado de verte!

Frank.   ¿Y Agatha?

Felix   Todavía guarda un cálido rincón de su corazón para ti. Ven, solo tenemos que cruzar el bosque.

Hamm.   (*Fuera de escena.*) ¿Hay algún buen cristiano por aquí?

Felix   ¿Has oído esa voz?

Frank.   La he oído, y creo que alguien necesita auxilio.

(*Sale a escena* **Hammerpan** *con un palo largo, utensilios de hojalatero, un caldero de fuego, etc.*)

Hamm. ¡Cristianos de verdad! ¡Seres humanos! Oh, buenos caballeros, ¿lo han visto?

Felix ¿El qué?

Hamm. ¡Ah! ¡Eso! ¡Eso! ¡Lo vi hace una hora en el bosque!

Frank. ¿A qué se refiere con eso?

Felix ¡Hable de una vez!

Hamm. ¡Mi cabello se erizó como berros de mostaza, y el de ustedes también lo hará cuando lo vean!

Felix ¡Lárgate, gitano!

Frank. ¡Espera, Felix! Explíquese, señor, ¿puede describir eso que vio? (*Aparte.*) El terror despierta mi imaginación exhausta de crear sombras nefastas en mi maltratado y frágil intelecto. ¿Habrá llegado hasta aquí esa monstruosa criatura de la que soy padre?

Felix No le hagas caso, Victor. ¿No ves que está borracho?

Hamm. Ojalá lo estuviera. Según entiendo, usted es el maestro Felix, del Valle del Lago. Hemos hecho negocios juntos antes.

Felix ¡No te conozco!

Hamm. Yo arreglé su caldero. Usted me hizo un favor y un favor merece otro. Le pondré en guardia. El mismo demonio anda suelto.

Frank. (*Alterado.*) ¿Cómo es ese demonio? ¡Hable, por Dios! ¡Hable! (*Aparte.*) Mis temores se confirman.

Felix (*Riendo.*) ¡Maldito hojalatero fabulador!

Hamm. Puede usted reírse, pero el otro caballero no se ríe. Se puede ver que él me cree. (*A* **Frankenstein**.) Lo vi. Lo vi con este único ojo que me queda.

Felix ¿Único ojo?

Hamm. Sí, estoy ciego del otro. Uno de aquellos que odian a mi raza, un español, me arrojó una piedra, así que he estado ciego como una piedra desde entonces. Medía seis metros veinte (*Sostiene su palo alto.*) Tenía la cabeza cubierta de pelo negro y lacio que le caía hasta los codos.

Frank. (*Aparte, para sí mismo.*) ¡Es él! Ya no hay duda. Mi pecado ha seguido mis pasos. (*A* **Hammerpan**.) ¿Qué hizo esa extraña criatura?

Hamm. No me habló, ni yo a él. Después de dispersar a nuestra tribu, como un hurón entre ratas, tomó un trago de nuestro caldo y se quemó los dedos en nuestro fuego. Y luego, lo vi en el bosque recogiendo bellotas y bayas.

Frank. ¿Y qué fue de esa criatura?

Hamm. No tuve la suficiente curiosidad como para averiguarlo. Mi esposa sufrió ataques al ver al diablo, así que tuve que mantener mi único ojo puesto en ella.

Felix Tu único ojo ha estado bastante ocupado. Vamos, vamos, gitano, cruza el bosque en nuestra compañía y veremos si ese gigante se deja encontrar.

Hamm. ¡Que el buen genio de los hojalateros nómadas lo evite!

Felix (*A* **Frankenstein**.) Y ahora, amigo mío, vayamos a la cabaña.

Frank. ¡Vayamos, Felix! Pero seamos precavidos. Puede ser que este pobre gitano medio ciego haya sido víctima de su imaginación o del vino. Pero también puede ser que en este bosque se esconda algo terrible para la cordura de un ser humano.

Felix Así lo haremos.

(**Felix** y **Hammerpan** *hacen mutis.*)

Frank. Los campesinos ya han sido aterrorizados por la grotesca figura. ¡Ambicioso y estúpido investigador, que, con imprudencia, vulneraste los mandatos de Dios! ¡La conciencia del crimen que he cometido me atormentará eternamente! ¡He atraído una horrible maldición sobre mi cabeza! Ese ser puede tener una esencia maligna y deleitarse con el asesinato y la miseria. ¡Un país entero podría execrarme, como si fuera una plaga, por mi crimen contra la Humanidad, y lo haría con razón! No hay hombre más desafortunado en el mundo que aquel que ha sido víctima de la obsesión. La obsesión es una araña que teje su siniestra tela en el cerebro del hombre educado y civilizado, y le convierte en una bestia sin conciencia, capaz de todo aquello de lo que jamás sería capaz un ser humano. Ahora debo ir a la cabaña de Felix. Urge encontrarme con Agatha. Si le pasase algo malo a causa de ese vástago inhumano de mi obsesión, no me lo perdonaría jamás. Agatha, la más bella, la más dulce, espero encontrarte presa de la felicidad por ver a tu amante Victor, y no sombría y desesperanzada por la desolación.

(**Frankenstein** *hace mutis.*)

Escena V

Anochece. Interior de la cabaña de la familia de Lacey. El techo de paja a la vista. Una hoguera. A través del porche abierto, se ve un riachuelo y un pequeño puente de madera. Música. **De Lacey** *está sentado allí, con* **Agatha** *a su lado. El* **Monstruo** *aparece a través del portón, observándolos, y contempla a* **Agatha** *con éxtasis.* **Agatha** *besa la mano de su padre, toma un pequeño cubo y se dirige por el puente hacia el riachuelo. El* **Monstruo** *la sigue hasta el puente.* **Agatha**, *al volverse de repente, percibe al* **Monstruo**, *grita y se desmaya, cayendo al riachuelo. El* **Monstruo** *salta desde el puente y la rescata.*

De Lacey   ¡Cielo misericordioso! ¡Ese grito de horror! ¡Agatha! Mi dulce hija, ¿dónde estás? ¡Agatha! ¡Agatha!

(*El* **Monstruo** *aparece en el pórtico de entrada, con* **Agatha**, *inconsciente, en sus brazos. El* **Monstruo** *se acerca y coloca delicadamente a* **Agatha** *en los brazos de su padre, guiando la mano de este para sujetar a su hija.* **Agatha** *se recupera y, percibiendo al* **Monstruo**, *con un grito, vuelve a desmayarse. El* **Monstruo** *se inclina sobre ellos con cariño.* **Felix** *sale a escena, con su arma cargada.*)

Felix   ¡Agatha, Víctor Frankenstein está aquí! ¡Qué horrible monstruo es este! ¡Mi padre, en peligro!

(*Música. El* **Monstruo** *retrocede y comienza a caminar en círculos, seguido de* **Felix**, *quien dispara su arma, hiriendo al* **Monstruo** *en el hombro. Este se retuerce de agonía por la herida, de la que mana sangre, y parece dispuesto a lanzarse sobre* **Felix**. *Sin embargo,* **Felix** *continúa apuntándole con el arma, lo que disuade al* **Monstruo** *por el temor a recibir otro disparo.* **Felix** *permanece a la defensiva.* **Safie**, *alarmada por el disparo de* **Felix**, *corre hacia* **Agatha** *y* **De Lacey**. *Sale a escena* **Frankenstein** *por el pórtico. El* **Monstruo** *se lanza hacia* **Frankenstein** *y se arroja a sus pies, implorando protección.*)

Frank. ¡Maldición! ¡El enemigo! ¡Aléjate de mí! No te me acerques. Ese terrible contacto haría que la pestilencia se extendiera por mis venas. ¡No, no! No abandonarás este lugar. Así destruiré al miserable que he creado.

(*Música.* **Frankenstein** *intenta apuñalar al* **Monstruo** *con su daga, la cual la criatura le quita de la mano. Grita, furioso, por el trato recibido por la raza humana. Llora presa de dolor, aversión y violencia. Sumido en la desesperación, el* **Monstruo** *coge una rama prendida del fuego y, agónicamente, se precipita a través del pórtico, prendiéndole fuego a todo.*)

Felix ¡Ah! ¡Frankenstein! No hay tiempo para hablar, ¡la cabaña está en llamas! Esa feroz figura gigantesca de aspecto terrible agita en alto su antorcha, como un triunfo por su hazaña.

73

(Las puertas del centro se cierran de repente desde fuera, como si quisieran evitar la posibilidad de escapar. Se escucha una risa chillona y cruel, impregnada de dolor.)

Frank. ¡Esa horrible voz! ¡Rápido, rápido, tenemos que movernos! Su malicia infernal me persigue, y esto solo cesará con su muerte o con la mía. ¡Ayúdame con las puertas, Felix! ¡Maldita sea mi obsesión, que pone en peligro a mis seres queridos!

*(Música. **Felix** y **Frankenstein** fuerzan las puertas, justo cuando las llamas están alcanzando la entrada del pórtico, y los árboles quemados caen, bloqueándola. **Felix** y **Frankenstein** colocan el sofá a lo largo sobre los árboles caídos. **Felix** se abre paso a través de las llamas con el viejo **De Lacey**, y luego **Safie**, y, por último, **Frankenstein** sale corriendo, llevando a **Agatha** en sus brazos. Justo entonces se derrumba la cabaña. El **Monstruo** ríe, con dolor y desesperación, blandiendo una rama prendida. **Agatha** grita de nuevo al ver al viejo **De Lacey** muerto en el suelo tras haber sido presa de un ataque al corazón.)*

Agatha ¡Padre, padre! ¡Está muerto! ¡Muerto!

(Lentamente cae el…)

Telón.

ACTO TERCERO

Escena I

El jardín de **Elizabeth**, *en Belrive. Por la mañana. Sale a escena* **Clerval** *desde la entrada de la
terraza.*

Clerval   ¡Qué mañana tan encantadora! Es un auspicio
benigno para el día que me hará feliz al despo-
sar al amor de mi vida. Elizabeth aún duerme,
que su sueño sea pacífico. ¡Me equivocaba! Silencio, se acerca. (*Sale a escena* **Elizabeth** *desde
la casa.*) Elizabeth, mi amor, ¿a qué viene ese
semblante de preocupación?

Elizabeth   ¡Oh, Clerval! Han ocurrido cosas extrañas desde
que me dejaste anoche. Nuestra casa está llena de
huéspedes. Mi hermano ha traído consigo a la familia de Lacey, de quienes tanto te he hablado.

Clerval   ¿La familia de Lacey? ¿Los parientes de la dulce
Agatha?

Elizabeth   Debido a algún extraordinario misterio que aún
no entiendo, la cabaña donde Frankenstein

encontró a su amada y a su familia ha sido destruida por las llamas. Y el anciano de Lacey ha muerto. Llegaron anoche, tarde, y parecían, sin duda, vencidos por el cansancio, y presa, todos ellos, de un terror inefable. Alguna terrible calamidad pesa sobre mi querido hermano.

Clerval ¡Qué comportamiento tan misterioso! ¡Ay! Mi dulce Elizabeth, entre toda esta miseria, ¡qué egoísta soy! Confío en que estas extrañas circunstancias no pospongan nuestra boda. No podría soportar ni un día más sin saber que eres mi esposa ante los hombres y ante Dios.

Elizabeth Tan solo unas horas faltan para que seamos unidos en sagrado lazo. No desesperes, mi amor, y sigue mi ejemplo, pues si siendo una frágil mujer puedo soportar el tedioso trascurrir del tiempo, mejor podrás tú, que eres un hombre fuerte y decidido.

Clerval (*Besa sus manos.*) ¡Qué mujer tan sabia me ha sido concedida!

Elizabeth (*Señalando hacia la casa.*) ¡Mira, amor mío! Observa a Victor acercándose. Fíjate en su semblante agitado y su andar inquieto. No ha dormido desde su regreso. ¡Se ha armado con pistolas, en constante vigilancia!

Clerval Nos retiraremos y le evitaremos, por ahora. Es lo mejor, hasta que sepamos a qué atenernos. Por aquí, amor mío.

(**Elizabeth** *y* **Clerval** *hacen mutis.* **Frankens-tein** *sale a escena desde la casa.*)

Frank.   ¡Oh! ¿Cómo evitaré la poderosa venganza del monstruo creado por mi maldita obsesión? Le otorgué energía y fuerza suficientes como para aplastar mi cabeza culpable. Y él ha reunido tesón y furia suficientes para acabar con todo aquello que amo. ¡Ya se ha cobrado la vida del pobre anciano de Lacey! ¿Quién será el próximo inocente que pague por mis crímenes? Mis horas transcurren envueltas en temor, y, pronto, caerá el rayo que castigará mis pecados. Sin embargo, el monstruo salvó la vida de Agatha, por lo que tiene algún sentimiento de afecto... ¡Y cómo fueron recompensados esos sentimientos! ¡Con aversión, desprecio y heridas! ¡Aún se me clava en el alma la imagen de esa bestia arrodillada ante mí, pidiendo clemencia con su torpe entendimiento! ¡Culpa, culpa, culpa! Mi obsesión le dio vida y mi miedo le hizo malvado. He sido un padre aciago. ¡Culpa, culpa, máxima culpa! Su mirada de eterna malicia vigilará con la astucia de una serpiente, para clavar su veneno en lo que yo más amo. Justa venganza, mas no debo permitirla. No hay esperanza, salvo en su destrucción. (*Saca su pistola.*) He de sufrir yo únicamente. Jamás mis amigos o mi amor. No, nunca. Ellos, nunca. Ni aun el pobre monstruo debería ser víctima del sufrimiento. (*Se dirige a la puerta.*) Agatha se ha levantado. (*Esconde la pistola.*) ¡Culpa, culpa, culpa eterna! ¡Agatha no debe sufrir por mi culpa!

*(Sale a escena **Agatha** desde la casa, con un relicario en las manos.)*

Agatha   Victor, te noto infeliz, huyendo hacia la soledad y no puedo evitar suponer que temes que vernos de nuevo haya avivado el amor que sentíamos el uno por el otro. Querido Victor, todavía te amo, y confieso que, en mis juveniles sueños de un futuro dichoso, has sido mi constante amigo y compañero.

Frank.   ¡Agatha, oh, Agatha adorada, sueño con el instante en el que seas mía! No, no es a ti a quien temo.

Agatha   Entonces, ¿a quién?

Frank.   No, no, no puedo sincerarme contigo. Aún no. Solo puedo decirte que, aunque mi culpa es grande, nadie debería atreverse a echar sal en mis heridas, pues el hombre enfermo de obsesión siente más dolor del que nadie podría imaginar. ¡Oh, Agatha, tu inocente alma jamás podrá comprender hasta dónde te hace ir la obsesión! Cuando la obsesión nace, te seduce pensando en que harás un regalo a la Humanidad por el que serás siempre reconocido como benefactor de los hombres de bien; después se enrosca en tu cuello como una serpiente y asfixia tus buenas intenciones hasta que solo queda la soberbia; y, por fin, te hace maldito, maldito ante los hombres y ante Dios. ¡Oh, Agatha!

(**Frankenstein** *se derrumba, presa del llanto.* **Agatha** *se arrodilla junto a él y le acaricia, besándole, con ternura.*)

Agatha   ¡Oh, Victor! ¡Mi pobre Victor! Temo que el hombre que intentó asesinarnos anoche, lanzando sobre nuestras cabezas el fuego de la venganza, sea el centro de tu desesperación. (**Frankenstein** *asiente.*) Y temo ser yo la impulsora del odio de ese hombre, ya que él me salvó, me rescató del frío abrazo de las aguas mortales, y yo se lo pagué, tan solo, con gritos y desmayos a causa de su horrible aspecto. Tal vez si yo hablase con él...

Frank.   (*Volviendo en sí y agarrándola por los hombros.*) Nunca, Agatha querida, mi amor, ¡nunca hables con esa criatura del Infierno! ¡Júralo!

Agatha   ¡Victor, me haces daño!

Frank.   ¡Júralo!

Agatha   ¡Lo juro!

(**Frankenstein** *la abraza.*)

Frank.   Pronto nos casaremos y podré confesar ante ti mi horrenda culpa en todo este terrible asunto. ¡Pronto! (*Música. Campanas lejanas de iglesia.*) Esas campanas alegres anuncian el día de la boda de Elizabeth y Clerval. Mi rostro cansado solo opacaría su alegría. Me voy.

Agatha   ¡No me apartes de tu lado!

(*Música.* **Frankenstein** *y* **Agatha** *hacen mutis. Salen a escena* **Felix** *y* **Safie** *desde la casa.*)

Felix   Escucha, Safie, esas alegres campanas del pueblo, suenan como un raro contraste a la miseria de anoche. Pronto, mi rosa del Este, repicarán para nosotros y, entonces, adiós a las preocupaciones. (*Besándola.*) Este beso...

Safie   ¡Ay, Felix! A plena luz del día. Haces que mi rosa del Este se sonroje aún más.

Canción #9

Saf. y Fel. Ven conmigo, querida, a mi hogar en la
                                    [montaña,
y el himeneo santificará la pacífica cúpula del
                                    [cielo.
Apártate del mundo por amor y por mí,
y yo seré todo el universo para ti.
Nuestra vida será una continua fiesta.
Será una continua fiesta.
Ven por el valle adornado de rocío,
donde la violeta azul y la prímula pálida,
asoman entre la sombra verde.
Ven por el valle adornado de rocío,
donde la violeta azul y la prímula pálida,
donde la violeta azul y la prímula pálida,
asoman entre la sombra verde.
Volaremos al bosque sombrío,
y suspiraremos y susurraremos, amor,

hasta que el día comience a desvanecerse,
hasta que el día comience...
Pasearemos, y yo te cortejaré, amor,
donde los pájaros cantan dulcemente...
hasta que el día comience a desvanecerse.

(*Música de campanas. Sale a escena Madame* **Ninon**, *guiando a un grupo de aldeanos bailarines desde la entrada de la terraza.* **Elizabeth***, con* **Clerval** *cogiéndole la mano, les siguen, dichosos.*)

Ninon   Ahora, señorita Elizabeth, ahora, señor Clerval, estamos todos listos, y el sacerdote está esperando. (*Se reanuda la música.* **Elizabeth** *y* **Clerval***, junto con* **Safie** *y* **Felix***, se unen a la procesión, y todos los aldeanos se marchan bailando al ritmo de la música por la terraza, excepto Madame* **Ninon***.*) ¡Ahí van, listos para casarse, lindos tortolitos! (*Llama.*) ¡Fritz! ¡Fritz! ¿Dónde está mi estúpido esposo? Me duele el cuello de tanto mirar al suelo, buscándolo, pues todos sabemos que ese es el sitio de los gusanos. Espero que vuelva del mercado de Ginebra con un cargamento de ricas viandas y mi nuevo sombrero de colmena, ¡todo para la celebración de la boda! El señor Frankenstein ha traído aquí a su novia y a su hermano porque, según dicen, su cabaña fue destruida por un incendio anoche, y su padre pereció a causa de la impresión. ¡Oh! Aquí viene el hombre, con una cesta a la espalda, arrastrándose como un caracol. ¡Santa Virgen, es aún más feo de lo que recordaba!

(*Sale a escena* **Fritz** *desde la entrada de la terraza, con una cesta que contiene varios artículos, un sombrero de dama y un pato vivo.*)

Fritz   Aquí estoy, querida esposa. He traído todo lo que pediste. (**Ninon** *le ayuda a poner la cesta en el suelo.*) Aquí está la cesta, el cono de azúcar, los melones y las nueces moscadas.

Ninon   Pero, querido Fritz, ¿dónde está mi sombrero de colmena, que debías traer de la modista en Ginebra?

Fritz   En algún lugar, lo sé. (*Mira y examina el contenido de la cesta, abriendo la parte superior con cuidado.*) Los tres patos vivos están encima de los macarrones, aplastando un gran queso Gruyere.

Ninon   ¡Espero que mi sombrero no esté aplastado!

Fritz   Está perfectamente a salvo, te lo aseguro. Lo puse en el fondo de la cesta.

Ninon   ¡Menudo estará para mi hermosa cabeza, entonces!

Fritz   ¡Dios mío, qué escándalo por un sombrero! (*Aún de rodillas, buscando en la cesta.*) ¡Oh, Cielos, ¿dónde está ahora?! ¡Aquí, al fin! (*Saca el sombrero, con un pato vivo dentro.*) Sabía que estaba a salvo.

Ninon	(*Toma el sombrero de sus manos.*) ¡Oh, Fritz, está arruinado! Ese pato ha estado acostado dentro de él.
Fritz	Espero que no haya puesto ningún huevo, Ninon.
Ninon	¡Ay! ¡Mira cómo está de arrugado! (*Saca del sombrero dos o tres pequeñas plumas del pato, que caen al suelo.*)
Fritz	(*Aparte, riendo.*) Sombrero y plumas.
Ninon	Eres un descuidado, que no sirve para nada. ¡A ver cómo arreglo yo este estropicio! ¡Para asistir a la ceremonia, es imprescindible este sombrero, que ha de hacerme bella y lozana!
Fritz	No sabía yo que el sombrero tuviera propiedades mágicas. De haberlo sabido se lo habría llevado al señor Frankenstein, que tan interesado está en la Alquimia y la trasmutación de lo feo en bello. (*Madame **Ninon** le pega en la cabeza con el sombrero varias veces, mientras **Fritz** se protege de ella.*)
Ninon	¡Lleva la cesta dentro, pecador!
Fritz	¡Oh! (*Al pato.*) Te veo demasiado alegre, amigo mío, considerando que vas a ser la cena. ¡Espera a que los guisantes estén listos!

(*Se lleva la cesta hacia la casa, y sale a escena de nuevo durante el dúo.*)

Ninon   ¡Mi elegancia destruida por ese truhan! Pero incluso eso no me desanimará. Mi dulce señora se une hoy al hombre de su corazón y, a pesar de que mi estúpido marido haya acabado con mi sombrero, como antes acabó con mi juventud, seré feliz y bailaré hasta que no pueda más.

Canción #10

(*Aire galés.*)

Ninon   ¡Oh! Celebraré el día de la boda,
y seré la más alegre entre las alegres,
hasta que la edad me quite de en medio.

Fritz   ¡De en medio de una vez!

Ninon   Tus modales no los aprendiste en Francia.

Fritz   ¡Ah, esposa! Tú nunca aprendiste a bailar.
Un caballo a los cincuenta no puede bailar.
¡Ah, no!

Ninon   Mientras las flautas y los tambores suenan
[dulcemente,
con toda mi alma bailaré ágilmente.

Fritz   Sí, ya te veo renqueando y cojeando con estilo.
¡Vaquita mía!

Ninon	¡No me llames vaquita tuya, descarado! Seguro que estás borracho.
Fritz	Solo un poco alegre, a pesar de ti. ¡Todos lo estaremos, porque eso es diversión [y vida!
Fr. y Nin.	¡No me llames vaquita tuya, descarado! No te llamaré vaquita mía, solo estoy alegre.
Ninon	Nunca he estado borracha.
Fritz	Yo sí lo he estado. Sobre todo, cuando me casé. ¡Vaquita mía!

(**Fritz** *la lleva bailando hacia la casa.* **Ninon** *se gira, le da un bofetón, y ambos hacen mutis hacia la casa. Música. El* **Monstruo** *sale a escena desde la entrada de la terraza, observa alrededor y se retira, mientras* **Fritz** *vuelve a salir a escena desde la casa.*)

¡Oh! (*Frotándose la mejilla.*) ¿De qué sirve un sombrero elegante para ella? Es tan bajita que, a menos que se subiera a una silla, en medio de la multitud, nadie la vería. Con su nuevo sombrero de colmena parecería una seta. En el fondo, le he hecho un favor. (*Mientras* **Fritz** *habla,* **William** *sale a escena desde la casa, pasa por detrás de* **Fritz**, *de puntillas, y le da un fuerte golpe en la espalda.* **Fritz**, *alarmado, grita con fuerza.*) ¡Oh, por el amor de Dios! ¡Ya están mis nervios de punta y mis cuatro pelos crispados! ¿Qué quieres, señorito William?

William No consigo que nadie me dirija la palabra en casa. Unos están ocupados, otros se van a casar... ¿Jugarás conmigo, Fritz?

Fritz Me gusta jugar. ¡Es tan relajante! Cuando terminaba de trabajar, solía jugar con el ternero de mi vaca.

William Juega conmigo, Fritz.

(*Música. Juegan cerca de la balaustrada de la terraza. El* **Monstruo**, *que ha estado observando al niño mientras hablaban, espera su oportunidad, y cuando* **William** *se acerca, le agarra, se lo carga al hombro y sale corriendo.* **Fritz** *se gira, los ve y lanza un grito de horror.*)

Fritz ¡Ayuda, ayuda! ¡Asesino! ¡Esposa! ¡Esposa! ¡Un monstruo salido del Infierno! ¡Oh, mis nervios!

(**Fritz** *hace mutis, aterrado, hacia la casa.*)

Escena II

> *Paisaje campestre. Una iglesia rústica a lo lejos.*
> *Se ve un gran tejo, con abundantes ramas. Músi-*
> *ca. Hay un sendero, por el que camina la proce-*
> *sión, regresando de su boda. El cuerpo de baile y*
> *los aldeanos van en cabeza, seguidos por* **Felix, Sa-**
> **fie, Clerval** *y* **Elizabeth**.

Ninon (*Fuera de escena.*) ¡Oh, señora! ¡Oh!

Fritz No pude evitarlo. ¡Asesino!

(**Ninon** *y* **Fritz**, *sinceramente consternados, salen a escena.*)

Ninon Pero, ¿dónde lo dejaste?

Fritz Él me dejó a mí. ¡Oh, Dios mío! (*Llora.*) ¡Asesino! ¡Mis nervios!

Ninon ¡Oh, malvado Fritz!

Elizabeth ¿Qué ocurre, querida Ninon?

Fritz Afirma que su marido es malvado.

Ninon (*A* **Elizabeth**.) ¡William! ¡Su hermano William, señora! El niño se ha perdido, nadie es capaz de encontrarlo. Lo envié con Fritz, para que estuviera entretenido.

Elizabeth Esto es muy extraño, será una travesura del pequeño pillo.

Fritz No, no lo es. Vi... ¡Mis nervios! ¡Oh, Cielos! Vi algo gigante que lo cogió como si el señorito William fuera una pluma y se lo llevó, internándose en el bosque. ¡Oh! ¡Oh, Cielos! ¡Asesino!

Clerval ¡Aquí viene Frankenstein!

(*Sale a escena* **Frankenstein**, *con dos pistolas.* **Agatha** *le sigue.*)

Elizabeth Mi querido Victor, ¿sabes algo de William? El niño ha desaparecido de una forma completamente inexplicable.

Frank. ¡Mi hermano, desaparecido!

Ninon Fritz estaba con él.

Fritz ¡Oh, amo! Una gran criatura... ¡Oh! ¡Oh! ¡Oh!

Frank. ¡Oh! ¡Qué horror! ¡El demonio ha regresado! ¡Mi némesis!

Clerval Apresurémonos, amigos, todos. Nuestro gozo queda interrumpido hasta que el niño sea encontrado.

(Música. Todos hacen mutis, consternados, por diferentes salidas, excepto **Frankenstein**, *que parece perdido en una meditación desolada. Se gira, las ramas del tejo se apartan y se descubre al* **Monstruo** *detrás, con* **William** *en su poder.* **Frankenstein** *saca una pistola y le apunta. El* **Monstruo** *vuelve a cargar al niño sobre su hombro y se apresura por el sendero.* **Frankenstein** *les persigue, desesperado.)*

Escena III

Salón en Villa Belrive. Una amplia ventana aba-
tible que da al jardín, cerrada. Una mesa cu-
bierta con un paño rojo. Salen a escena **Agatha**
y **Ninon**.

Ninon   La inexplicable desaparición de mi querido
niño, en un momento como este... En un día
como este, ¡cuando deberíamos haber estado
tan felices!

Agatha   Es, sin duda, extraño y aterrador. Esperemos
que pronto encuentren a William y lo traigan
de vuelta a casa. (*Aparte.*) El fantasma salvaje
que incendió nuestra cabaña, responsable de la
muerte de mi padre, ha regresado para castigar-
me por mi cruel agradecimiento por salvar mi
torpe vida.

Ninon   No puedo pensar en otra cosa, más que en William. (*Señalando.*) Esa es su habitación, señora. La encontrará bien amueblada... ¡Pobre niño
desgraciado! ¡Todo tan cómodo! Con sus her-
mosos ojos azules... Hay una chimenea en la
habitación... ¡Y sus pequeños hoyuelos en cada
mejilla! Hay un gabinete en la esquina... ¡Rizos
dorados! (*Estalla en llantos.*) Perdóneme, señora, crie al lindo niño, y no puedo sacarlo de mi
cabeza.

Agatha   Por favor, déjame, Ninon, y dame noticias tan pronto como el señor Frankenstein regrese.

Ninon   Todas las celebraciones de la boda arruinadas, hasta que este querido y desafortunado pilluelo sea encontrado. ¡El dulce y pequeño pícaro de mejillas sonrojadas! ¡Cómo le voy a reprender cuando regrese!

(**Ninon** *hace mutis. Durante todo lo anterior, el* **Monstruo** *observa por la ventana. Luego, desaparece.*)

Agatha   ¡Victor Frankenstein! ¡Qué singular fatalidad nos acompaña! Con riqueza, amor, amigos, y aun así, condenados a la miseria. ¡Maldito misterio! Mi alma se turba por mil presagios de desgracia; un presentimiento de maldad invade mi corazón. Y ahora solo soy capaz de adivinar una cosa, mi amado Victor: allí donde vayas, yo te seguiré.

(**Agatha** *hace mutis. Poco después, entra* **Frankenstein***, reflexionando, llevando sus dos pistolas en el cinturón.*)

Frank.   Los colmillos del remordimiento desgarran mi pecho y sé que ya no lo soltarán. ¡Perseguir al monstruo! ¡Qué iluso he sido! Sería como intentar alcanzar al viento o contener un torrente de montaña. Mi pobre hermano... Yo... soy el responsable de que esté en manos de ese ser... Autor en la sombra de males inexorables...

Temeré, mientras algo que ame siga existiendo. (*Se dirige hacia la puerta.*) ¡Agatha! Está descansando, durmiendo en el sofá. (*Durante lo anterior, el* **Monstruo** *reaparece en el balcón de la ventana y, mientras* **Frankenstein** *mira hacia la puerta, entra sigilosamente por la ventana, agachándose bajo la mesa, sin ser visto.*) Duerme, dulce inocencia. No me atrevo a dejarte, me quedaré y protegeré tu sueño. No puedo arriesgarme a que el despiadado enemigo robe tu dulce aliento virginal. (*Música.* **Frankenstein** *desenfunda las pistolas y las prepara. Las sostiene en sus manos.*) El miserable fruto de mi obsesión podría, incluso, estar acechando. Conviene echar un vistazo alrededor. (*Música.* **Frankenstein** *examina cada rincón. El* **Monstruo**, *imperceptible para él, le sigue. No consigue entender los sentimientos que le produce su creador. Querría destruirle, pero no se ve capaz.* **Frankenstein** *pasa por detrás de la mesa, y el* **Monstruo** *le sigue.* **Frankenstein** *deja las pistolas cargadas sobre la mesa, y se gira para cerrar la ventana. Mientras* **Frankenstein** *se encuentra de espaldas, el* **Monstruo** *reconoce las pistolas como algo similar a aquello que tanto dolor le causó. Coge las pistolas y escapa, dolido y asustado, por la puerta.* **Frankenstein** *se acerca a* **Agatha**, *tras haber cerrado y asegurado la ventana.*) ¡Oh, Agatha! Ojalá me hubiera marchado para siempre de mi tierra natal, y vagado como un paria sin amigos, en lugar de haberte encontrado de nuevo, tal vez para ponerte en las garras de mi diabólico...

hijo... (*Se escucha el sonido de un disparo, y un grito desgarrador.*) ¡Mi sangre se hiela! ¡Ah! ¿Qué es lo que veo? ¡Mi última, última esperanza!

(*Música. Hace mutis.*)

Escena IV

Una antesala en Belrive. Sale a escena **Elizabeth**
apresuradamente, encontrándose con **Ninon**. *La
música cesa.*

Elizabeth ¿De dónde proviene el sonido de ese funesto
disparo?

Ninon No lo sé, señora. ¡Oh, qué día tan desdichado
para la pobre Ninon! El señor Frankenstein está
completamente loco, salió corriendo hace un
instante, saltó a su bote y comenzó a remar con
rapidez.

(*Sale a escena* **Fritz**, *alarmado.*)

Fritz ¡Oh, oh, oh! ¡Lo he visto...! ¡Lo he visto de nuevo! El gran monstruo salió por una de nuestras
ventanas y se escapó en un bote, y ahí iba el señor Frankenstein, en otro bote, persiguiendo a
la gran criatura como un rayo.

Elizabeth ¿Dónde... dónde están nuestros amigos?

Fritz El señor Clerval y el señor Felix han seguido al
señor Frankenstein, y yo voy a ir detrás de todos ellos.

(*Cruza y corre.*)

Safie   (*Fuera de escena.*) ¡Ayuda! ¡Ah, ayuda! (*Entra* **Safie** *con el cuerpo inerte del joven* **William** *en sus brazos.*) ¡Ah, amiga mía! William, el pobre niño, ¡está muerto! ¡Esa horrible criatura le ha roto el cuello!

Todos   ¡William!

             (*Sale a escena* **Agatha** *con las pistolas de* **Frankenstein** *rotas.*)

Agatha   Victor persigue al monstruo, desarmado, pues esa criatura, con su enorme fuerza, ha roto sus pistolas... (*Viendo el cuerpo muerto del niño. Soltando las pistolas.*) ¡William! ¡Pobre William! El más inocente ha pagado por nuestros pecados.

Elizabeth ¡Gracia divina! ¿Qué horrible destino se cierne sobre nosotros?

             (*Música. Las mujeres lloran, desesperadas.*)

Escena V

Frontera salvaje del lago. En el extremo del escenario, sobresale una alta montaña nevada. Música. Los **Gitanos** *están repartidos en varios grupos. Se escucha un grito. Los* **Gitanos** *se levantan, alarmados. Se escucha un segundo grito, aún más desesperado, y más cercano. El* **Monstruo** *irrumpe en el campamento. Los* **Gitanos** *gritan y huyen en todas direcciones.* **Hammerpan** *está a punto de escapar, cuando el* **Monstruo** *lo atrapa.* **Hammerpan** *intenta disparar con su mosquetón, pero el* **Monstruo** *esquiva y le rompe el cuello. El* **Monstruo** *deja caer unos mechones de pelo rubio del pobre* **William** *encima del gitano muerto, y hace mutis hacia la montaña, escala y desaparece. Sale a escena* **Frankenstein***, desarmado.*

Frank. En vano persigo a ese miserable, en vano le he disparado. El maldito esquiva las balas. ¿Hacia dónde habrá huido en esta ocasión? (*Ve el cadáver del gitano.*) Pobre gitano, muerto por las manos de mi creación. ¿Qué es esto? (*Encuentra los mechones de* **William**.) ¿Mechones delicados de un rubio angelical? ¡William! ¡Le ha asesinado! ¡Maldito demonio! ¡No, no, no! ¡Mi pobre hermano! Te alegrará, hijo detestable, saber que mi corazón desgarrado sangra de nuevo. La venganza será en adelante la devoradora y única obsesión de mi alma. Solo me queda un propósito: dedicarme, en vida o muerte, a la destrucción del demonio. ¡William! Serás vengado. (*El* **Monstruo** *grita con desesperación y furia desde la montaña nevada.* **Frankenstein** *palidece.*) ¡Allí está! ¡Le oigo! ¡Siento su dolor de criatura rechazada! ¡Ahora tú sentirás el dolor de mi alma rota en mil pedazos! ¡Culpa, culpa, máxima culpa! ¡Este reencuentro infernal terminará con tu muerte o con la mía!

(*Música.* **Frankenstein** *recoge el mosquetón del gitano, lo carga y se lanza hacia el fondo del escenario. Los* **Gitanos** *regresan por varias entradas, llevando antorchas. Al mismo tiempo, salen a escena* **Felix** *y* **Clerval** *con pistolas,* **Fritz** *con un palo, y* **Safie**, **Elizabeth**, **Agatha** *y* **Ninon**, *siguiéndoles. El* **Monstruo** *aparece en la falda de la montaña.* **Frankenstein** *le persigue.*)

Clerval   ¡Mirad, nuestro amigo y su misterioso enemigo!

Felix   Observad, Frankenstein le da alcance. Sigámoslo y ayudémosle.

Fritz   ¡Deténgase, señor! Si dispara el arma, provocará una avalancha. Ya ha habido varias allí.

(*Mutis.*)

Escena VI

*Montaña helada. El **Monstruo** y **Frankenstein** se encuentran en un extremo del escenario. El **Monstruo** corre hasta **Frankenstein** e intenta estrangularle. **Frankenstein** pierde su arma. Los dos seres luchan desesperadamente. El **Monstruo** se aparta, llorando desconsolado. **Frankenstein** busca su arma al borde de sus fuerzas. **Frankenstein** coge el arma y apunta al **Monstruo**, que se gira hacia él.*

Monstruo (*Con la dificultad de las primeras palabras.*) ¡Padre!

(**Frankenstein** *dispara al aire. El **Monstruo**, asustado, grita. **Frankenstein** dispara de nuevo al aire. Y se lanza hacia el **Monstruo**, abrazándole con ternura paternal.*)

Frank. ¡Perdóname, hijo! ¡Perdóname!

(*La avalancha cae y aniquila al **Monstruo** y a **Frankenstein**, que desaparecen arrastrados por la nieve. Sus gritos fatales se mezclan en una sinfonía de dolor y muerte. Comienza a caer una intensa nevada. Se escucha un fuerte trueno, y a **Ninon** y **Fritz**, llorando por su amo perdido, **Elizabeth**, **Safie**, **Felix**, **Clerval** y **Agatha** salen a escena, seguidos por los gitanos, que la iluminan con sus antorchas.*)

Agatha ¿Victor?

Fritz   Pobre señor, ¡pobre señor!, ha dado su vida para preservar las nuestras.

Clerval   Amigo desventurado, consumido por su obsesión.

(**Elizabeth** *rompe a llorar, desconsolada.*)

Ninon   ¡Mi pobre niña!

(**Agatha**, *entonces, cae al suelo.* **Felix** *se acerca corriendo a ella.*)

Felix   ¡Agatha!

(**Clerval** *la examina.*)

Clerval   (*Sorprendido.*) ¡Está muerta! ¡Sus nervios no lo han resistido!

Felix   ¡No es posible!

Elizabeth   No han sido sus nervios. Ha sido su corazón, que se ha roto con la muerte de su amado. Solo una mujer puede morir de amor.

(*El viento trae las últimas palabras de* **Frankenstein**.)

Frank.   ¡Culpa... culpa... máxima culpa!

(*Lentamente cae el...*)

Telón.

Esta primera edición de
Frankenstein (Presumption or The Fate of Frankenstein)
de Richard B. Peake, terminó de imprimirse
en octubre de dos mil veinticinco,
en Madrid.